한국민속과 문화유산

윤병화 지음

신광문화사

머리말

현재 우리 사회는 돈을 가장 중요한 가치로 여기는 배금주의에 빠져 이기주의 팽배, 공동체 의식의 부재 등과 같은 현상들이 나타나고 있다. 이와 같은 해악에 대응할 수 있는 논리가 필요한 시점에서 우리는 우리가 가진 소중한 고유의 정신문화를 살려 나갈 수 있도록 노력해야 한다.

이러한 우리 고유문화를 사회 공익차원에서 보존하고, 그 가치를 지켜 나간다면 분명히 문화강국으로 나아갈 수 있다.

또한, 2000년 중반부터 2010년 초반까지 폭발적으로 성장한 K-Pop으로 한류는 하나의 문화장르가 아니라 세계인과 공감하고 소통할 수 있는 K-culture로 확장되었다. 결국 우리의 문화를 체계적으로 수집, 보존, 연구할 수 있는 기반을 마련한다면 세계적인 소통도 가능하게 되었다.

이처럼 문화 연구의 필요성이 제기되고 있는 시점에서 필자는 이번 책을 기획하게 되었다. 문화는 여러 갈래로 정의가 가능하지만 그 중 정신문화와 물질문화의 소산인 민속과 문화유산은 그 핵심이라 할 수 있다.

이에 필자는 그동안의 연구 성과를 바탕으로 일반인들도 쉽게 이해할 수 있는 민속과 문화유산에 대한 서적을 출간하게 되었다.

하지만 분명히 부족한 부분이 존재할 터 추후 다른 형태의 책을 준비하여 보완하기로 하고 독자들의 넓은 양해를 바란다.

이 책이 나오기까지 여러 사람들의 도움이 있었다. 모든 분들에게 감사의 말씀을 전한다.

2016. 8.

윤병화

차 례

01 관광자원의 이해

1.1 관광자원의 개념

1.1.1 관광자원의 정의

관광자원은 관광객의 관광동기와 관광의욕을 충족시키고 관광행동을 유발시킬 수 있는 목적물로서 매력성과 유인성을 바탕으로 유 · 무형의 자산을 포괄한다. 그렇기 때문에 관광자원은 경제적 가치가 있고, 관광객에게 위락 및 문화적 가치를 제공하고 있다.

관광자원은 목적과 형태에 따라 관광대상이 될 수 없었던 자원도 대중 관광시대로 접어들면서 자원으로 가치가 있어 각광을 받고 있고, 반대로 매력을 상실하기도 한다. 즉, 지금까지 가보지 못한 지방 또는 국가의 경관, 기후, 풍토 등의 자연환경, 사적 및 풍습의 역사적 환경, 문화시설 등의 사회적 환경을 대상으로 한다.

관광의 동기는 인간의 본능으로 일상의 번잡성과 단조로운 환경에서 벗어나고자 하는 욕구를 반영한 것이다.

관광자원이라는 용어는 1920년대 이후 관광객의 활동 근원이 되는 제반현상을 의미하는 단어로 사용되기 시작하였다. 넓은 의미에서 관광자원은 인간 중심 삼라만상의 총체이다.

1.1.2 관광자원의 특성

(1) 원형보존성

관광자원의 원형변화 및 파괴는 그 가치를 상실시킨다. 예를 들어 개발이라는 이름으로 수려한 경관이 파괴되거나, 문화재의 잘못된 복원으로 세간의 질타를 받기도 한다.

(2) 다양성

관광객의 다양한 욕구에 의해 관광대상이 세분화된다. 주 5일제, 여가시간의 증가, 경제적 발전 등 정치, 경제, 사회, 문화적 환경이 변화하면서 관광객의 욕구도 과거에 비하여 크게 변화하여 관광대상도 다양화되고 구체화되고 있다.

(3) 가변성[1]

관광자원의 범위는 시공간에 따라 달라진다. 관광자원이 관광객의 욕구변화에 따라 관광대상으로 매력을 가질 수도 있고, 그렇지 못할 수 있다. 즉, 과거에는 가치나 매력이 없었던 것들이 현재에는 선호되는 경우, 여름에는 인기 없고 겨울에는 인기가 있는 경우, 드라마의 배경으로 유명해져 관광지로 각광받는 경우 등이 있다.

(4) 주관성

아무리 훌륭한 관광자원이라도 모든 관광객을 만족시켜 줄 수 없다. 즉, 관광자원의 만족은 어디까지나 객관성이 아닌 주관성에 의해서 결정된다.

(5) 조화성

관광자원은 단순한 하나의 자원만으로 이루어지지 않는다. 자연자원, 문화자원, 인문자원 등이 조화를 이룬다면 그만한 가치성과 매력성을 유지할 수 있다.

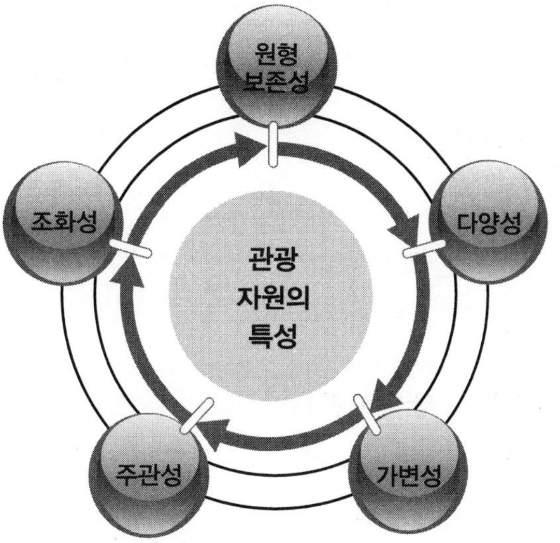

그림 1.1 관광자원의 특성

1.2 관광자원의 분류

1.2.1 관광행동에 따른 분류[2]

(1) 주유형(周遊型) 관광자원

숙박하지 않는 장소로 이동하여 보고 즐기는 관광이다. 수려한 볼거리, 맛있는 음식, 재미있는 놀이 등을 구축한다.

(2) 체재형(滯在型) 관광자원

숙박지역 내에서 또는 그 주변에서 보고 즐기는 관광이다. 휴양지, 다양한 야영 시설, 스포츠 지역 등을 구축한다.

1.2.2 관광시장에 따른 분류

(1) 이용자 중심형 지역

일상 생활권에 위치하여 이용자활동이 중심을 이루는 지역이다. 지역주민을 대상으로 한 도시공원, 놀이터, 실내 수영장 등을 말한다.

(2) 중간형 지역

1~2시간 정도거리로 이용자활동과 자연자원 매력도가 대등한 조건을 갖춘 지역이다. 일일 또는 주말을 이용하여 야유회, 낚시, 등산 등을 즐기는 자연관광지, 놀이공원 등을 말한다.

(3) 자원 중심형 지역

자원의 질을 우선적으로 고려하는 지역이다. 질적 가치와 매력의 보호 및 보전지역, 거주지와 원거리에 위치, 공원법으로 지정된 곳, 산림 및 야생지, 역사유물 유적지 등을 말한다.

1.2.3 관광자원의 가시성에 따른 분류

(1) 유형관광자원

① 자연적 관광자원

- 위치 : 대륙관계성, 해양관계성, 접근성, 거리
- 기후 : 기온, 강수량, 바람, 일조일수, 안개일수, 쾌청일수
- 지형 : 산악, 하천, 해안, 호수, 약수, 온천, 동굴, 석굴
- 동물 : 희귀동물, 천연기념물
- 식물 : 희귀식물, 천연기념물
- 절대적 가치보다는 상대적 가치를 가지는 특수한 자원

ⓐ 산지관광자원 : 자연감상 및 휴식기능 – 경관미 감상, 피서, 피한
운동오락기능 – 등반, 스키, 암벽등반, 캠프
교육기능 – 생태계관찰, 청소년수련원

ⓑ 하천 : 문화공간기능 – 도시스포츠, 야외행사, 지역축제
교통기관이용 – 유람선
교육기능 – 생태계관찰

ⓒ 해안 : 휴식기능 – 해수욕, 피서, 낚시
교육기능 – 해저수족관, 생태관광, 훈련, 교육캠핑
교통이용기능 – 유람선, 보트, 요트

ⓓ 온천 : 요양 및 휴식기능 – 온천욕, 치료

② 문화적 관광자원

문화적 관광자원은 인위적으로 개발된 보양지 및 휴양지와 더불어 역사적, 예술적, 학술적 가치가 있는 유·무형의 모든 자원을 의미한다. 그렇기 때문에 이런 문화적 관광자원은『문화재보호법』을 제정하여 정통성 확립 및 문화유산 보존의 중요성을 강조하고 있다.

『문화재보호법』은 "문화재를 보존하여 민족문화를 계승하고, 이를 활용할 수 있도록 함으로써 국민의 문화적 향상을 도모함과 아울러 인류문화의 발전에 기여함을 목적으로 한다."(제1조), "문화재의 보존·관리 및 활용은 원형유지를 기본원

칙으로 한다."(제 3조), "국가는 문화재의 보존 · 관리 및 활용을 위한 종합적인 시책을 수립 · 추진하여야 한다. 지방자치단체는 국가의 시책과 지역적 특색을 고려하여 문화재의 보존 · 관리 및 활용을 위한 시책을 수립 · 추진하여야 한다. 국가와 지방자치단체는 각종 개발 사업을 계획하고 시행하는 경우 문화재나 문화재의 보호물 · 보호구역 및 역사문화환경이 훼손되지 아니하도록 노력하여야 한다. 국민은 문화재의 보존 · 관리를 위하여 국가와 지방자치단체의 시책에 적극 협조하여야 한다."(제 4조) 등으로 문화재 보호에 대한 규정을 정하고 있다.

문화재는 다음과 같이 분류할 수 있다.

문화재란 인위적이거나 자연적으로 형성된 국가적 · 민족적 또는 세계적 유산으로서 역사적 · 예술적 · 학술적 또는 경관적 가치가 큰 것이다.

첫 번째, 유형문화재는 건조물, 전적(典籍), 서적(書跡), 고문서, 회화, 조각, 공예품 등 유형의 문화적 소산으로서 역사적 · 예술적 또는 학술적 가치가 큰 것과 이에 준하는 고고자료(考古資料)를 말한다.

두 번째, 무형문화재는 여러 세대에 걸쳐 전승되어 온 무형의 문화적 유산 중 1) 전통적 공연 · 예술, 2) 공예, 미술 등에 관한 전통기술, 3) 한의약, 농경 · 어로 등에 관한 전통지식, 4) 구전 전통 및 표현, 5) 의식주 등 전통적 생활관습, 6) 민간신앙 등 사회적 의식(儀式), 7) 전통적 놀이 · 축제 및 기예 · 무예 등을 말한다.

세 번째, 기념물은 1) 절터, 옛무덤, 조개무덤, 성터, 궁터, 가마터, 유물포함층 등의 사적지(史蹟地)와 특별히 기념이 될 만한 시설물로서 역사적 · 학술적 가치가 큰 것, 2) 경치 좋은 곳으로서 예술적 가치가 크고 경관이 뛰어난 것, 3) 동물(그 서식지, 번식지, 도래지를 포함한다), 식물(그 자생지를 포함한다), 지형, 지질, 광물, 동굴, 생물학적 생성물 또는 특별한 자연현상으로서 역사적 · 경관적 또는 학술적 가치가 큰 것을 말한다.

네 번째, 민속문화재는 의식주, 생업, 신앙, 연중행사 등에 관한 풍속이나 관습에 사용되는 의복, 기구, 가옥 등으로서 국민생활의 변화를 이해하는 데 반드시 필요한 것이다.

③ 사회적 관광자원

한 나라의 역사와 전통, 과거의 생활, 현재를 이해할 수 있는 자원이다. 도시문화 환경, 생활문화, 역사, 민속, 풍속, 인정, 국민성, 생활자료, 환대, 전통예술, 종교, 민간신앙, 신화, 전설, 민족성, 향토축제, 연중행사, 문화, 교육, 사회시설 등이 있다.

④ 산업적 관광자원

산업시설 및 생산 공정 등을 견학하고 시찰하는 것으로 자국의 산업수준의 자부심을 부여하고, 외국인과는 기술교류를 통해 국제관계 개선 및 자국의 이익을 확보할 수 있다. 관광자원은 농업, 공업, 상업으로 구분한다.

⑤ 레크리에이션자원

테마파크(theme park)로 우리나라에서는 1976년 용인자연농원(에버랜드)3과 1989년 롯데월드가 개장하였고, 미국에서는 1955년 디즈니랜드와 1982년 디즈니월드가 개장하였다.

(2) 무형관광자원

① 인적 관광자원 : 국민성, 풍속, 습관, 전통고유기술, 언어, 인심, 예절

② 비인적 관광자원 : 고유종교, 철학, 사상체계, 역사, 제도, 문화

02 민속학

2.1 민속학의 개념과 유형

2.1.1 민속학의 개념

민속은 민족과 문화를 연구하는 인류학 계열의 한분과로 동일 문화권의 다수가 향유하는 전통적이고 보편적인 문화를 지칭한다. 크게 정신문화와 물질문화로 나뉜다. 첫 번째, 정신문화에는 사상, 철학, 종교, 예술, 구전물, 풍속, 놀이, 축제 등이 있고, 두 번째, 물질문화에는 문화재, 생산도구, 경제체계 등이 있다.

민속학은 예로부터 내려온 생활방식의 변천과정을 밝히는 행위로 방대한 민속자료를 수집, 비교, 연구하여 민족의 생성과 전승에 관한 원류를 살펴본다.

또한, 민속학은 생활양식을 통시적 · 공시적으로 연구하여 문화의 총체적 이해를 추구하며, 세계 문화 속에서 그 문화의 특성을 정립시키고자 하는 학문으로 과거학이며 동시에 현재학이라는 학문적 기틀을 추구하고 있다.

2.1.2 민속학의 유형

민속학은 과거와 현재, 시골과 도시, 일상생활과 종교, 예술과 사상 등 인간 삶의 전체를 연구한다. 그렇기 때문에 민속학은 풀뿌리문화이며, 전승과학으로 전승권과 전승담당자 모두를 연구하는 역사성을 지니고 있다. 그동안 민속학은 과거의 자료를 수집하여 정리하는데 중점을 두었다면 이제부터는 미래지향적 개념을 바탕으로 현재의 모든 풍속을 포괄한 현재학적인 측면에서 현대의 도시문화까지 그 연구대상을 확장시켜 현실적 전승권에 관한 연구를 진행해야 한다.

(1) 영국의 번(burne)

① 신앙과 행위 : 하늘과 땅, 식물계, 동물계, 인간, 영혼과 저승, 주술기법

② 관습 : 사회제도, 정치제도, 개인생활에서의 의식, 생업과 공업, 축제, 놀이

③ 설화와 민요 기타 구비전승 : 설화, 민요, 속담 및 수수께끼

(2) 독일의 프로이덴탈(H.Freudenthal)

① 독일의 민족성 기초 : 민족의 토지, 민족의 발전, 민족의 형성

② 민족의 표현 수단 : 민간언어, 음악, 공작, 몸짓

③ 민족의 신앙, 세계관, 민간의 예의 : 민간신앙, 민족의 지식, 민족의 관습

④ 민족의 성격(본성)

⑤ 민족의 집단구조 : 혈연구조, 연령구조, 거주구조, 노동구조, 신분, 종교구조

(3) 일본의 야나기타 구니오

① 유형문화 : 의식주, 교통, 노동, 사회조직, 혼인, 탄생, 죽음 행사

② 언어예술 : 민담, 전설, 민요, 수수께끼, 속담

③ 심의(心意)현상 : 지식, 생활기술, 생활목적

(4) 우리나라의 조지훈[4]

① 구비전승 : 설화(신화, 전설, 민담, 동화, 야담, 소화), 민요, 판소리, 무가, 속담, 수수께끼, 방언, 은어 및 민속극의 대사

② 신앙전승 : 예조(豫兆), 점복, 금기, 주부(呪符), 자연숭배, 동물숭배, 이인숭배(異人崇拜), 가택신, 마을신, 무속(무격, 무의)

③ 의식 · 행사전승 : 산속(産俗), 혼속(婚俗), 상장(喪葬), 제례 · 연중행사(세시풍속)

④ 기예전승 : 음식, 의복, 주거, 민구, 민속유희, 민속경기, 민속무용, 민속음악, 민속극, 인형극, 민간의료

⑤ 공동생활구조전승 : 가족제도, 사회구조, 경제조직, 생업기술(농촌, 어촌, 산촌)

(5) 『한국민속학개설』 (1975년)

① 마을과 가족생활

② 의식주

③ 민간신앙

④ 세시풍속

⑤ 민속예술

⑥ 구비문학

(6) 『한국민속대관』(1980~1982년)

① 사회구조 · 관혼상제편

② 일상생활 · 의식주편

③ 민간신앙 · 종교편

④ 세시풍속 · 전승놀이편

⑤ 민속예술 · 생업기술편

⑥ 구비전승 · 기타편

(7) 『한국민속종합조사보고서』(1969~1981년)

① 사회

② 민간신앙

③ 산업기술

④ 의식주

⑤ 민속예술

⑥ 세시풍속과 오락

⑦ 구비전승

(8) 『한국민속학의 과제와 방법』(1986년)

① 민속문학

② 민속사회

③ 민속종교

④ 민속예술

⑤ 민속물질

(9) 『한국 민속학의 체계적 접근』(2000년)

① 사회 민속

② 경제 민속

③ 의료 민속

④ 의사소통 민속

⑤ 의례 민속

⑥ 연회 민속

⑦ 신앙 민속

⑧ 예술 민속

2.2 민속학의 방향

민속학은 사라져 가는 전통 민속자료를 꾸준히 발굴하고 보존하며 여기에 새로운 민속자료를 연계한 창조적인 민속문화를 탄생시키고 있다. 현대 민속에 대한 개념을 보면 더욱 확장된 개념으로 민속학을 바라보기 때문에 실험적이며 활발하게 민속학을 응용학문으로 발전시켜 나아가고 있다.

표 2.1 근대와 현대 민속의 비교[5]

구분	근대 민속	현대 민속
시기	개항기 ~ 1980년대	1990년대 ~ 최근
민속의 개념	개항기 이래 사회적 변동에 의해 반상의 민속이 혼합되어서 나타난 민속현상과 구조	일상생활사, 도시민속
민속 연구의 관점	• 소멸하고 있기 때문에 시급히 그 원형을 보호, 복원해야 하는 대상 • 전문적인 조사와 연구가 필요	• 일반 시민이 경험한 근현대의 일상사와 풍속으로서 시간에 따라 유동적으로 변화하는 대상 • 향후 잠재적 이용을 위해 근현대 민속을 풍부하게 기록화하는 것이 필요

민속학 연구의 시작은 전국에 산재되어 있는 민속자료의 수집이다. 우리가 살아온 과거와 현재의 모든 일상생활을 파악할 수 있고, 의식주, 경제, 종교, 예술, 축제, 놀이 등에 관한 다양한 지식을 얻을 수 있다.

특히, 과거와 현재의 문화를 비교하면서 문화의 발전상을 바로 알 수 있으며 오늘과 내일의 계획을 세울 수 있다. 그렇기 때문에 민속학을 통해 수많은 유무형의 문화재를 정리할 수 있고 결국 그 보존책도 강구할 수 있다. 보다 구체적으로는 민속계 박물관을 개관하여 민속을 체계화할 수 있다.

민속계 박물관 현황은 다음과 같다.[6]

표 2.2 민속계 박물관 현황 (계속)

소재지		구분		기관명	주소	개관일	자료	특별전	연관람객	입장료
시·도	시군구	국립 공립 사립 대학	1종/2종							
서울시	종로구	국립	1종	국립민속 박물관	서울특별시 종로구 삼청로 37	1946.4.25.	민속자료 등 118,766	연19회	3,271,017	무료
	중구	공립	1종	지구촌민속 교육박물관	서울특별시 중구 소파로 46	2006.2.16	세계민속품 등 1,583	연1회	37,550	무료
	도봉구	사립	1종	옹기민속 박물관	서울특별시 도봉구 삼양로 574-41	1991.4.1	옹기, 민속용품 4,000	연1회	6,538	3,000
	송파구	사립	1종	롯데월드 민속박물관	서울특별시 송파구 올림픽로 240	1989.1.14	고고, 민속품 등 282	연1회	6,644,901	5,000
부산	부산진구	사립	1종	부산포 민속 박물관	부산광역시 부산진구 중앙대로702번길 21(부전동)	2006.5.02	민속품 5,694	연2회	8,835	무료
	강서구	사립	1종	록봉민속 교육박물관	부산광역시 강서구 가덕해안로 741	2011.11.26	민속자료 9,500	연1회	3,000	5,000
광주	북구	공립	1종	광주시립 민속 박물관	광주광역시 북구 서하로 48-25	1987.11.1	고문서, 민속품 등 13,859	연2회	318,421	500
대전	동구	사립	1종	옛터민속 박물관	대전광역시 동구 산내로 321-35(하소동)	2001.3.1	민속품, 도자 등 45,950	연1회	19,711	무료
울산	울주군	공립	1종	울주민속 박물관	울산광역시 울주군 온양읍 외고산1길 4-19	2013.05.02	민속생활품 473	연2회	39,433	무료
세종시		공립	–	세종시립 민속 박물관	세종특별자치시 전의면 금사길 75	2012.10.23	고고, 민속품 등 1,301	연1회	5,280	무료
경기	안산시	공립	1종	안산어촌 민속 박물관	경기도 안산시 단원구 선감동 대부황금로7	2006.03.10	고고, 민속품 등 246	연1회	59,316	2,000
	용인시	사립	1종	한국민속촌 박물관	경기도 용인시 기흥구 민속촌로90	1996.12.16	민속품 4,292	연4회	233,061	15,000
	고양시	사립	1종	배다골민속 박물관	경기도 고양시 덕양구 화정동 7-7	2011.5.3	민속품, 도자기 등 176	–	9,160	6,000

표 2.2 민속계 박물관 현황 (계속)

소재지		구 분		기관명	주소	개관일	자료	특별전	연관람객	입장료
시·도	시군구	국립 공립 사립 대학	1종 / 2종							
경기	파주시	사립	1종	세계민속 악기 박물관	경기도 파주시 탄현면 헤이리마을길 60-26	2003.9.27	민속악기 및 민속품 450	연2회	5,200	5,000
강원	삼척시	공립	–	어촌민속전시관 (해신당 공원)	강원도 삼척시 원덕읍 삼척로 1852-6	2002.7.10	–	–	256,225	3,000
	화천군	공립	–	화천민속 박물관	강원도 화천군 하남면 춘화로 3337	2006.03.28	고고 민속품 등 943	–	26,302	무료
	양구군	공립	–	양구팔랑 민속관	강원도 동면 바랑길 158번길5	1998.10.20	민속자료 등 237	–	2,139	무료
	인제군	공립	1종	인제산촌 민속 박물관	강원도 인제군 인제읍 인제로156번길 50	2003.10.08	민속류 799	–	48,500	무료
	영월군	사립	1종	세계민속 악기 박물관	강원도 영월군 남면 연당로123	2009.5.12	악기, 민속품 등 3,170	연1회	11,157	5,000
충북	보은군	공립	–	보은향토 민속 자료전시관	충청북도 보은군 보은읍 군청길 38 (이평리 45)	1995.7.21	고고, 민속품 등 480		5,430	무료
	영동군	공립	–	영동향토 민속 자료전시관	충청북도 영동군 영동읍 성안길11	1994.06.18	민속품 등 734		303	무료
	증평군	공립	1종	증평민속 체험박물관	충청북도 증평군 증평읍 둔덕길 89	2010.6.12	고고, 민속품 등 488		10,000	
	괴산군	공립	–	괴산향토 민속 자료전시관	충청북도 괴산군 괴산읍 읍내로 258	1994.7.18	민속품 385		500	
	음성군	공립	–	향토민속 자료전시관	충청북도 음성군 음성읍 설성공원길 10-7	1994.04.20.	민속품 등 1,555		6,296	무료
충남	금산군	공립	–	금산지구촌 생활민속 박물관	충청남도 금산군 금산읍 금산로1543	2006.9.22	민속품 3,343		22,105	무료
	아산시	공립	–	외암민속관	충청남도 아산시 송악면 외암민속길 5	2004.10.22	민속품 1,303		402,840	2,000

표 2.2 민속계 박물관 현황 (계속)

소재지		구분		기관명	주소	개관일	자료	특별전	연관람객	입장료
시·도	시군구	국립 공립 사립 대학	1종/2종							
충남	당진시	공립	1종	합덕수리 민속박물관	충청남도 당진시 합덕읍 덕평로 379-9	2005.10.26	농기구, 민속품 등 683		34,413	무료
	공주시	사립	1종	공주민속극 박물관	충청남도 공주시 의당면 돌모루2길17-11	1996.10.04	민속품 1,247	연1회	12,150	3,000
	아산시	사립	1종	온양민속 박물관	충청남도 아산시 충무로123	1978.10.25	고고, 민속 22,000	연3회	67,326	5,000
	금산군	사립	1종	태영민속 박물관	충청남도 금산군 남이면 하금평촌길 26	2000.10.23	고고, 민속품 등 7,720	연1회	5,400	무료
전북	정읍시	공립	–	고부민속 유물 전시관	전라북도 정읍시 고부면 영주로 교동3길	2005.12.31	고고, 민속품 등 1,125	연1회	2,000	무료
전남	순천시	공립	–	낙안읍성 민속 자료관	전라남도 순천시 낙악면 충민길 86	2011.11.21	서화및,도자기류 등 637			
경북	포항시	공립	1종	영일민속 박물관	경상북도 포항시 북구 흥해읍 한동로 51	1983.10.29.	고고, 민속품 등 4,604		57,896	무료
	안동시	공립	1종	안동민속 박물관	경상북도 안동시 민속촌길13	1992.6.26	고고, 민속품 등 4,555	연1회	127,288	1,000
	구미시	공립	–	구미시립 민속관	경상북도 구미시 산책길 51	1994.02.17	고문서, 민속품 등 1,810		12,680	무료
	영천시	공립	–	영천민속관	경상북도 영천시 운동장로 54	1991.11.12	생활민속품 795		6,470	무료
	청송군	공립	1종	청송민속 박물관	경상북도 청송읍 주왕산로 222	1999.6.21	민속품 2,116		712	무료
	구미시	사립	1종	금오민속 박물관	경상북도 구미시 무을면 상무로 1227-8	2003.05.03	민속품, 곤충표본, 근현대 자료 23,566	연1회	43,102	5,000
경남	창원시	공립	1종	창원역사민속관	경상남도 창원시 의창구 창이대로 397번길25	2012.08.24	고고, 민속품 등 2,345	연1회	45,273	무료
	김해시	공립	–	김해민속박물관	경상남도 김해시 분성로 261번길 35	2005.10.01	고고, 민속품 등 1,400		42,443	무료
	거제시	공립	1종	거제어촌 민속 전시관	경상남도 거제시 일운면 지세포해안로 41	2003.10.15	민속품, 패류, 박제 등 806	연5회	194,446	3,000

표 2.2 민속계 박물관 현황

소재지		구분		기관명	주소	개관일	자료	특별전	연관람객	입장료
시·도	시군구	국립 공립 사립 대학	1종 / 2종							
경남	밀양시	사립	1종	미리벌 민속 박물관	경상남도 밀양시 초동면 초동중앙로 439	1998.05.20	민속품, 서지류 4,600		3,242	4,000
	김해시	사립	–	한림민속 박물관	경상남도 김해시 김해대로1029–10 (한림면)	2006.3.25	고고, 민속품 등 36,689		1,825	무료
제주	제주시	공립	1종	민속자연사 박물관	제주특별자치도 제주시 삼성로 40	1984.5.24	고고민속 및 자연사자료 39,047	연2회	796,707	1,100
	서귀포시	사립	1종	제주 민속촌박물관	제주특별자치도 서귀포시 표선면 민속해안로 631–34	1987.2.20	민속품 등 8,241	연2회	306,663	9,000
	서귀포시	사립	1종	중문민속박물관	제주특별자치도 서귀포시 중문동 2563–1		휴관			

2.3 민속학의 연구사

본격적인 민속학 연구는 19세기부터 진행된다. 프랑스에서는 1826년 학술원의 회원인 와크네(Walcknaer, B.C.)가 민담과 우화의 기원에 관한 책을 출간하였고, 독일에서는 그림(Jacob and Wilhelm Grimm)형제가 민담집을 출간했다. 한편 영국에서는 톰스(Thoms, WJ.)이 『아세늄』이라는 주간지에서 1846년 민속학(folklore)이라는 용어를 처음으로 사용했다.

보다 구체적인 연구과정을 보면 영국의 경우에는 민속학이 주로 일반서민 속에서 예로부터 전래되는 전통적인 설화 · 가요 · 속담 · 신앙 · 습관 등을 연구의 대상으로 삼았고, 독일의 경우에는 민족의 단합이나 통일을 중시하여 생활 · 제도 · 풍속 · 신앙 등 민족정신을 나타낼 수 있는 전반적인 분야를 연구대상으로 삼았다. 용어에 있어서도 영국은 포크로어(folklore)라면, 독일은 폴크스쿤데(Volks kude)라는 용어를 사용하였다.[7] 한편, 미국은 포크로어(folklore)라 하여 초기에는 민속학의 활동이 민간문예, 인디언, 남부의 흑인 및 유럽인들의 민담과 민간 전승물을 주로 다루었으나, 이후 문화영역이 확장되면서 미국 역사 전반을 연구하게 되었다.

동양에서는 일본의 야나기타 구니오(柳田國男)가 1913년에 민속학을 향토연구라는 개념으로 사용하다가 1928년 민간예술이라는 단체에서 『민간예술(民間藝術)』이라는 잡지를 발행하고 다음 해에 민속학회를 창립하면서 민속학 연구의 기틀을 마련하였다.

우리나라의 민속학이 하나의 인문과학으로 자리매김 한 것은 일제강점기였다. 그러나 우리의 민속학 연구사도 나름대로 많은 문헌기록을 통해 그 흔적을 찾아 볼 수 있다. 고려시대 김부식[8]의 『삼국사기』[9], 일연[10]의 『삼국유사』[11]에는 삼국시대의 고대설화, 가요, 점복, 풍수, 무속 등의 기록이 남아 있다. 이밖에 『고려사』의 국가 기록물과 이규보의 『동국이상국집』[12], 이색의 『목은집』[13], 서긍의 『고려도경』[14] 등의 개인 문집에는 고려시대 민속에 관한 기록이 남아 있다.

이후 조선시대에는 『조선왕조실록』, 『증보문헌비고』, 『신증동국여지승람』 등의 국가 기록물과 개인문집에서 조선시대 민속 기록이 남아 있다. 그 개인문집의 현황은 다음과 같다.

성현(1439~1504), 『용재총화』(수필집으로 문화, 서화, 인물평), 유몽인(1559~1623), 『어우야담』(설화집), 이수광(1563~1628), 『지봉유설』(설화, 민담, 민속유희, 세시 및 풍속일반, 속담, 제도), 이중환(1690~?), 『택리지』(지리, 풍속일반, 신앙), 홍만선(1643~1715), 『산림경제』(주거, 음식, 풍속일반, 생활기술, 민간의료), 이익(1681~1763), 『성호사설』(풍속일반, 제도), 안정복(1712~1791), 『잡동산이』, (풍속일반, 제도, 신앙), 박지원(1737~1805), 『열하일기』(민담, 속담), 이긍익(1736~1806), 『연려실기술』(풍속일반), 정약용(1762~1836), 『여유당전서』(민요, 속담), 이규경(1788~?), 『오주연문장전산고』(무속, 민간신앙, 풍속일반, 수수께끼), 이덕무(1741~1793), 『열상방언』(속담), 서유구(1764~1845), 『임원십육지』(주거, 음식, 의복, 민구, 관혼상제, 민간의료), 홍만종(1643~1725), 『순오지』(전설, 민담, 속담), 정동유(1744~1808), 『주영편』(혼속, 장속, 세시풍속, 풍속일반), 유득공

(1749~?), 『경도잡지』(세시풍속, 풍속일반, 민간유희, 경기, 예조, 점복, 금기, 가택신), 김매순(1776~1840), 『열양세시기』(세시풍속, 풍속일반), 홍석모(18세기초), 『동국세시기』(세시풍속, 풍속일반) 등이 있다.

이처럼 근대 이전시기 대부분의 민속 기록물들은 백과사전의 나열식 정리가 이루어졌다. 비로소 근대과학으로 민속학을 접근하기 시작한 것은 바로 일제강점기였다. 1920년대 최남선은 『삼국유사 해제』, 『살만교차기』[15] 등의 서적과 「불함문화론」[16], 「동물고향설화」 등의 논문을 발표하며 신화, 설화, 풍속, 무속 등에 관한 연구를 진행하였다. 이능화는 『조선불교통사』, 『조선신교원류고』, 『조선해어화사』, 『조선유교 및 유교사상사』, 『조선무속고』, 『조선여속고』[17], 『조선상제례속사』 등을 통해 종교와 여속(女俗) 등을 연구하였다. 이밖에 대표적인 민속학자인 김소운[18], 손진태[19], 송석하[20] 등과 역사학자인 이병도(신앙), 백남운(신화), 양주동(지명) 등이 당시 민속연구를 활발하게 진행하였다. 또한, 일본인 학자들도 조선의 계(契), 조선의 귀신, 조선의 풍수, 조선의 무속, 조선의 점복과 예언, 조선의 유사종교, 조선의 향토신사, 부락제, 석전, 기우, 안택, 향토오락 등을 연구하였다.

1930~40년대 민속학자들은 현장 답사를 통해 자료를 조사 정리하였다. 손진태는 『조선민간설화의 연구』, 『조선민담집』, 『조선시가유편』, 『조선민족설화의 연구』, 『조선민족문화의 연구』 등 민간신앙과 구비전승에 관한 연구를 진행하였고, 송석하는 조선민속극, 오광대소고, 처용무, 나례, 산대극 등 민간 연희에 관한 고찰을 했다. 이외에 김재철은 가면극과 인형극을, 김소운과 방종현은 민요를, 임석재, 정인섭, 최상수는 설화를 연구했다. 또한, 1932년 4월 송석하, 손진태, 정인섭, 아키바 다카시, 이마무라 도모 등은 '조선민속학회'를 창설하여 1933년 민속학회지인 『조선민속』을 창간했다.

광부 이후에는 일제강점기의 모든 학문적 금기가 자유롭게 변화하면서 민족문화를 되찾겠다는 일념하에 민속학 연구가 활발하게 진행되었다. 1946년 '전설학회(54년 한국민속학회)'와 '대한인류학회'가 창설되었고, 1947년 국립민족박물관이 개관하였다.

1950년~60년대에는 민속학의 학문적 지위가 올라가면서 그 기반을 다지는 작업

그림 2.1 출판기념회 및 민속학회 회의[21]

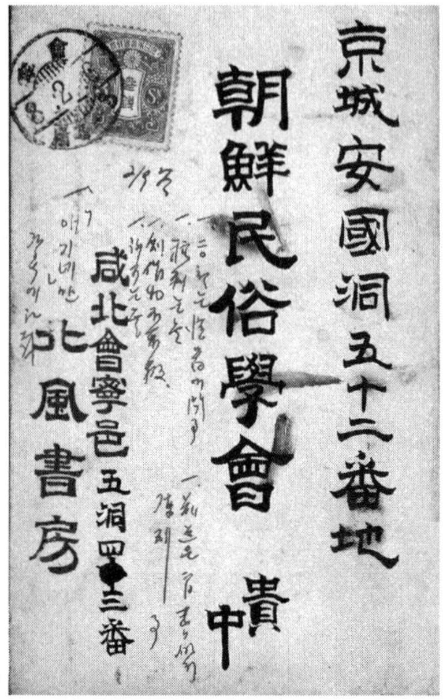

그림 2.2 편지[22]

들이 적극적으로 이루어졌다. 1954년 '한국민속학회', 1957년 '국어국문학회 민속학 연구분과'와 '한국가면극연구회', 1958년 '한국문화인류학회', 1969년 '민속학회' 등이 차례로 창설되었고, 1961년 서울대학교 고고인류학과가 개설되었다.

당시 학문적으로도 상당한 연구성과가 나타났다. 1958년 최상수, 『한국민간 전설집』, 1959년 최상수, 『하회가면극 연구』, 1960년 장주근, 『한국의 신화』, 1961년 임동권, 『한국 민요집』, 1964년 임동권, 『한국민요사』, 1974년 임동권, 『한국민요연구』, 1961년 최상수, 『한국인형극의 연구』, 1963년 김택규, 『동족부락의 생활구조 연구』, 1965년 김영돈, 『제주도 민요연구』, 1965년 유동식, 『한국종교와 기독교』, 1966년 김태곤, 『황천무가연구』, 『한국신당연구』, 『무속상으로 본 단군신화』, 1967년 최상수, 『해서가면극연구』, 1969년 이두현, 『한국가면극』, 1979년 이두현, 『한국의 가면극』, 1969년 김광언, 『한국의 농기구』, 1973년 장주근, 『한국의 민간신앙』, 1975년 장주근, 『한국의 향토신앙』 등의 연구가 이루어졌다.

1970년대 이후부터 현재에 이르기까지 우리나라 민속학은 도약기이다. 더욱 다양한 단체와 연구를 통해 민속학의 발전을 도모하고 있다. 1970년 '한국민속학회',

1971년 '원광대학교 민속학연구소', 1985년 '비교민속학회', 1990년 '한국역사민속학회' 등이 창설되었다. 1970년 장병길, 『한국고유신앙연구』, 1970년 조동일, 『서사민요연구』, 1970년 장덕순, 『한국설화문학연구』, 1971년 유증선, 『영남의 전설』, 1971년 김열규, 『한국민속과 문학연구』, 1977년 김열규, 『한국신화와 무속연구』, 1971년 임석재, 『옛날이야기선집』, 『한국구전설화』, 1971~1980년 김태곤, 『한국무가집』, 1981년 김태곤, 『한국무속연구』, 1973년 이두현, 이광규, 『한국 생활사』, 1978년 최길성, 『한국 무속의 연구』, 1979년 성기열, 『한일민담의 비교연구』, 1980년 서대식, 『한국 무가의 연구』, 1981년 최길성, 『한국의 무용』, 『한국무속연구』, 1981년 이두현, 『한국의 탈춤』, 1981년 최래옥, 『한국구비전설의 연구』, 1981년 장덕순외 3, 『구비문학개설』, 1982년 김태곤, 『한국무속도록』, 1983년 김태곤, 『한국민간신앙연구』, 1988년 김광언, 『한국의 주거민속지』, 1997년 이두현, 『한국가면극선』 등의 연구가 이루어졌다. 여기에 1972년 영남대학교 문화인류학과, 1975년 서울대학교 인류학과 개편, 1978년 안동대학교 민속학과, 1980년 경북대학교 고고인류학과, 1983년 한양대학교 문화인류학과, 1988년 전북대학교 고고인류학과, 1988년 목포대학교 고고인류학과, 1992년 전남대학교 인류학과, 1999년 강원대학교 인류학과 등의 학과 개편을 통해 연구의 기틀을 마련하였다.

2.4 민속조사 연구방법

민속자료는 문헌자료와 현지자료로 구분한다. 문헌자료는 기존에 문헌으로 나온 자료로 읍지류, 문집류 등 다양한 기록물 일괄을 의미하며, 현지자료는 민속현장에서 연구자가 직접 조사한 자료이다. 민속학에서 현지조사는 기본적이며 필수적이다.

현지조사는 조사자가 직접 조사하는 방법과 설문지로 간접 조사하는 방법이 있다. 직접 조사방법은 자료의 신빙성이 높다는 강점이 있고 시간, 노력, 경비 등이 많이 소요된다. 간접 조사방법은 노력과 경비를 절약할 수 있지만 자료의 신빙성은 상대적으로 약하다.

조사자가 자료조사를 하기 위해 유의할 점은 다음과 같다. 조사할 현장과 목적이 결정되면 그에 해당하는 자료를 충분히 섭렵을 하여 현지 조사의 시기와 기간에 대해서 계획을 미리 수립해야 한다. 이때 생활의 현장에서 이루어지며, 조사자는 현지 주민을 불편하게 해서는 안 된다. 또한 현장조사는 조사 당사자만의 일회성으로 끝나는 것이 아니라 현지인들의 삶의 현장임을 우선적으로 생각하고 장기적인 조사가 이루어질 수 있도록 해야 한다. 이때 수집한 자료는 체계적으로 분류하여 정리하고, 정리와 분류의 기준선을 명확하게 마련해야 한다. 조사한 내용을 기술하다보면 미흡한 부분이 발견되기 때문에 보충조사가 반드시 필요하다. 조사된 자료를 오래 두었다가 정리하다보면 자세한 내용을 잊기도 하고 다른 지역의 조사 자료에 대한 기억과 혼재되기도 한다. 따라서 조사를 마치면 가능한 빨리 조사내용을 정리해야 조사자의 자의적인 정리를 최소할 수 있다. 여기에서 조사는 구술녹음, 사진 및 동영상 촬영 등으로 기록해 두어야 한다.

표 2.3 수집 및 생산되는 민속기록[23]

수집 및 생산 시기	기록의 생산 주체	기록의 종류
현지 조사 진행 중	제보자가 생산하거나 보관	장부, 편지, 도면, 사진
	조사자	수합된 질문지, 조사 노트, 그림, 사진, 동영상, 녹음테이프
현지 조사 종료 후	조사자	조사보고서, 민속지, 사진집, 자료집

03 세시풍속

3.1 세시풍속의 의미

세시풍속은 한 해의 절기, 계절에 따른 때를 지칭하는 세시(歲時)와 옛날부터 그 사회에 전해오는 생활전반에 걸친 습관을 지칭하는 풍속(風俗)의 합성어이다. 세시의 이칭으로 세시(歲時), 세사(歲事), 월령(月令), 시령(時令) 등으로 표현하는데 이는 해, 달, 계절 등을 내포하고 있다. 이처럼 세시풍속은 1년 12달 동안 일정한 시기에 같은 주기로 반복하여 관습적으로 되풀이되는 특수한 생활양식으로 주기전승의례라 할 수 있다.

농경사회인 우리나라는 예로부터 달의 운행주기를 기준으로 농사의 개시, 파종, 제초, 수확, 저장 등의 생활주기를 마련했다. 그렇기 때문에 달의 주기성에 따른 농업의 생산성은 우리나라 세시풍속에 결정적인 영향을 미쳤고, 명절과 절기마다 상이한 풍습을 만들어냈다. 즉, 봄이 되면 그 해 풍년을 기원하고 가을에는 감사하는 인간의 아름다운 심성이 나타났다. 또한, 농업 기술력을 유지할 수 있도록 주술적인 의례를 행했다. 즉, 세시풍속을 통해 긴장의 삶에서 이완을 하며 생활의 마디마다 재충전의 기회를 제공하면서 지역과 역사에 뿌리 깊게 남아 면면히 이어졌다.

여기에 세시풍속에는 민간신앙, 민속놀이, 구비전승, 의식행사, 의식주생활 등 광범위한 민속적 요소가 내포되어 있기 때문에 모든 민속의 핵심이라 할 수 있다.

세시풍속은 오랜 세월 대대로 전수되어 왔으므로 우리 민족 스스로 공감성과 문화성을 지니고 있다. 하지만 인간 기술이 고도로 발달됨에 따라 자연력에 대한 의존도가 약화되고 교육 보급과 달력 사용 등으로 재래문화유산인 세시풍속의 전승도 점차 희미해지고 있다.

하지만 세시풍속은 우리 선조들의 역사적 경험의 지혜이며, 그 지혜를 통해 오랜 세월 동일한 공감대를 형성하며 전승시켜 온 전통문화로 번거롭거나 불필요하다는 이유로 소홀히 하지 말아야 한다.

3.1.1 세시풍속의 특징

(1) 대신사상(對神思想)

① 산신

마을의 수호신으로 제반사를 담당하며 매우 친밀하고 강한 의식으로 마을 숭상의 대상이다.

② 수신

하천신, 용왕신으로 적절한 수량을 보증하여 풍농과 풍어를 기원한다.

③ 서낭신

마을로 들어오는 악귀의 출입을 통제하여 악을 막는다는 의미를 지니고 있다.

④ 목신

동네 거목을 신수(神樹)로 인정하여 주기적으로 신앙 표시를 하고 이곳을 신격화하여 함부로 파손과 변화를 주는 것을 불가하도록 한다.

⑤ 조상신

조상의 은혜에 보답하고자 설날과 추석에 차례와 성묘를 지내며, 이것이 곧 자손의 큰 미덕이라 여겼다.

(2) 점복사상

미래의 일에 대한 궁금증을 해결하기 위하여 점복을 본다. 특히, 세시풍속의 점복은 연사(年事)의 풍흉을 점치는 농점(農占), 사람의 길흉화복인 신수점(身數占), 질병점(疾病占) 등이 있다.

(3) 조상숭배사상

조상숭배를 위해 차례, 성묘, 벌초 등을 행한다. 이런 것은 연격, 고양, 사람의 도리를 인정하는 행위이며, 추원보본(追遠報本)[24]사상이라 할 수 있다.

(4) 농경과 협동

농자천하지대본(農者天下之大本)을 내세운 조선은 농경생활 위주의 삶을 살았다. 계절에 맞춰 경작하고 곡식을 적기에 심어야 수확할 수 있고, 시기를 잘 맞춰야 미리 준비할 수 있었다. 인간 생존을 위해 협동이 필요했고, 전통적인 협동체계는 세시풍속 전반에 잘 나타나 있다.

(5) 예능

우리나라의 초기 국가시대에서는 영고, 동맹, 무천, 수릿날, 계절제 등의 제천의식을 행하며 풍작에 대한 기원과 감사의 제의를 하늘에 올렸다. 연중행사인 제천의식은 세시풍속으로 발전하였고 여기에는 노래, 춤, 놀이 등이 진행되었다. 특히, 널뛰기, 윷놀이, 연날리기, 줄다리기, 고싸움, 그네, 씨름, 강강술래, 소놀이 등의 민속놀이가 대표적인 예능이다.

(6) 윤리의식

현대사회는 핵가족화와 개인주의로 인하여 윤리의식이 많이 약화되었다. 이러한 문제점을 해결하기 위해서는 집안 단위의 차례와 세배를 비롯하여 문중 단위의 시제, 마을 단위의 동제를 통해 조상숭배 등의 사고방식을 습득하게 하여 윤리의식을 고취시켜야 한다.

(7) 공동체 의식

전통적인 마을 단위의 세시풍속은 고유의 집단성을 지니고 있다. 이는 마을 일원으로서의 소속감을 강화시키는 요인으로 작용하여 공동체 의식을 길러주었다. 마을제사인 동제를 같은 의식을 가지고 공동 행사로 추렴하고 소망을 기원함으로써 의식 속에서 일체가 되었다.

(8) 정서함양

민간에서 전통적으로 전승되어 온 예술인 민속극, 민속음악, 민속미술, 민속춤, 민속놀이 등은 일정한 역사적 배경과 과정 속에서 형성되어 발전해왔다. 즉, 정월대보름과 추석 등의 명절에는 마을의 풍요와 안위를 기원하기 위하여 풍물패들이 지신밟기를 하며 춤과 노래를 곁들어 행사를 진행했다.

(9) 생산적 의의

세시풍속은 긴장과 이완이라는 순환적인 리듬을 통해 재충전의 기회를 갖는 속성을 지니고 있다. 농경을 주생업으로 하던 전통사회에서 세시풍속은 농한기인 정월에 집중되며, 2월, 5월, 6월에도 크고 작은 세시풍속이 이어진다. 규모와 내용의 차이는 있지만 정월부터 섣달까지 다달이 행해진다. 다달이 세시풍속이 행해지면서 다음단계의 생활을 위한 리듬 구실을 하며, 바쁜 농사철 세시풍속이 오면 일손을 놓고 그동안의 긴장을 이완시킨다. 세시풍속은 단순한 즐거움에서 벗어나 긴장과 이완의 주기적 리듬을 이용하여 다음 일을 하기 위해 재청하는 작업이다. 이는 학교 수업에서 수업시간과 휴식시간을 갖는 원리에 비유하며 교육은 끊임없는 생산을 도출하고 세시풍속에서 긴장과 이완의 리듬을 가짐으로써 재생력을 강화하여 생산을 촉진시키는 것과 흡사하다.

(10) 좋은 만남

개인주의가 팽배하여 놀이도 혼자 즐기는 오늘날 만남은 대단히 중요하며, 설날이나 추석을 맞아 가족과 친척이 차례를 올리고 성묘를 하는 등 세시풍속은 만남의 자리를 마련해주는 가정교육의 장이며, 만남은 곧 교육적 의미를 지니고 있다.

(11) 전승과 보존

세시풍속은 인간 삶의 방식이기 때문에 시대에 따라 변화하며 새로 생성 및 변형되기도 하며 소멸되기도 한다. 따라서 과거에 단순하게 머무르는 문화현상이 아니라 현재로 진행되며 이를 통해 미래를 예측하는 근간이 되기도 한다. 결국 문화의 생성과 소멸을 통해 문화의 전승과 보존이 원활하게 진행될 수 있으며, 미래의 우리 모습에 대한 예측도 가능하다.[25]

(12) 자아 정체성

세시풍속은 과거부터 축적되어 온 우리 민속문화이다. 이러한 민속문화에 대한 교육은 자신의 문화 정체성을 확립하고, 문화를 온전하게 해석하여 창조적으로 계승하는 방안을 찾는 일련의 과정이다. 세시풍속에 대한 학습을 통해 가족, 마을, 나라 사람들이 공유하는 공통의 생활양식을 이해하고, 공유된 세시풍속을 통해 자아 정체성을 확립하여 우리의 뿌리를 찾을 수 있다.[26]

3.1.2 세시풍속의 역사

(1) 초기국가시대

『삼국지』「위지 동이전(魏志東夷傳)」에 기록된 부여의 정월 영고, 고구려의 10월 동맹, 동예의 무천, 삼한의 5월 수릿날과 10월 계절제, 백제의 솟대, 신라의 한가위 등이 있다.

(2) 삼국시대

『삼국사기』의 기록에 따르면 추석, 수리(단오), 유두가, 『삼국유사』의 기록에 따르면 정월대보름 등이 세시풍속의 원형으로 기록되어 있다.

(3) 고려시대

고려시대에는 통일신라시대의 세시풍속이 대체로 전승되었고, 연등회와 팔관회 같은 불교행사도 세시풍속으로 진행되었다. 고려시대 9대 명절로는 설날, 정월 대보름, 삼짇날, 팔관회, 한식, 단오, 추석, 중구, 동지 등이 있었다.

(4) 조선시대

오늘날 세시풍속은 조선시대의 풍속이 고착되었다. 조선시대 세시풍속은 다음과 같은 자료를 통해 기록되어 있다.

민주면[27]의 『동경잡지』(1669년)는 경주의 역사, 문화, 행정, 군사, 경제, 자연환경, 인물관계 등 다룬 읍지이다. 「풍속조」에는 신라 이래 풍속이, 「제영조」에는 신라의 가곡이, 「이문조」에는 신라의 설화, 전설, 기담 등이 기록되어 있다.

유득공[28]의 『경도잡지』(1800년) 2권 「세시편」에는 입춘, 상원, 초하루, 한식, 삼짇날, 초파일, 단오, 보름, 복, 중원, 중추, 중구, 오일, 동지, 납평, 제식 등 한양의 세시를 19항목으로 분류하여 내용을 정리하였다.

김매순[29]의 『열양세시기』(1819년)에는 입춘, 원일, 인일, 상신일, 상해일, 보름날, 초하루, 상정, 춘분, 청명, 한식, 삼짇날, 곡우, 초파일, 단오, 보름, 복날, 중원, 추분, 중추, 중양일, 초하루, 오일, 동지, 납일, 섣달그믐날 등 한양의 행사와 풍속을 1월부터 12월까지 21개 항목으로 분류하여 기록하였다.

홍석모[30]의 『동국세시기』[31](1840년)에는 원일, 입춘, 상해일, 상자일, 묘일, 사일, 보름날, 초하루, 삼짇날, 청명, 한식, 초파일, 단오, 유두, 삼복, 칠석, 중원, 추석, 중양절, 오일, 동지, 납일 등을 왕실, 양반, 서민의 순으로 정리하였다.

한편, 조선시대 4대 명절은 설날, 추석, 단오, 한식[32]이다.

(5) 현대

조선시대 세시풍속은 현대까지 영향을 주었지만 현대에 이르러 농업의 비중이 많이 줄어들면서 계절에 따른 농업활동과 관련된 명절과 절기는 점점 없어져 사라지거나 변화하고 있다. 그러나 아직 고유 명절과 절기는 여전히 우리 사회의 중요한 가치관으로 사회 구성원의 공동체의식을 재확인시켜 주는 기회가 되고 있다.[33]

3.1.3 우리나라 세시풍속[34]

표 3.1

월 별	행 사	
1	설날 1일	설빔, 차례, 세배, 덕담, 복조리, 청참, 윷놀이, 널뛰기, 떡국 등
	정월대보름 15일	오곡밥, 묶은 나물, 보름밥, 복토 훔치기, 용알뜨기, 과일나무 시집보내기, 달집 태우기 등
	귀신날 16일	야광귀
2	중화절 1일 머슴날 1일 영등날 1일	나이떡 먹기, 들돌 들기
3	삼짇날 3일	꽃놀이, 풀피리, 풀싸움, 풀각시 놀이, 화전놀이
4	부처님오신날 8일	탑돌이, 연등행사
5	단오 5일	단오빔, 창포비녀, 궁궁이풀비녀, 수리취떡, 단오부적, 단오부채, 대추나무 시집보내기, 그네뛰기, 씨름
6	유두 15일	유두연, 유두천신
7	칠석 7일	칠석고사, 우물고사, 걸교
	백중 15일	들돌 들기, 씨름
8	추석 15일	차례, 성묘, 추석빔, 줄다리기, 지신밟기, 소놀이, 강강술래
9	중양절 9일	단풍놀이, 국화전
10	상달고사(길일) 시제 1일, 3일	고사
12	섣날(제석) 30일	묵은 세배, 수세, 대불놓기

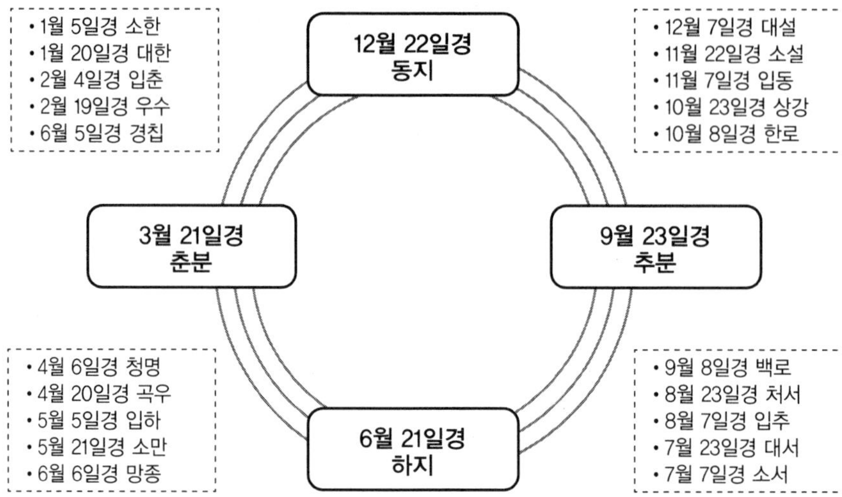

그림 3.1 24절기

3.1.4 우리나라 절기[35]

태양의 위치인 황도를 나타내는 황경(黃經)에 따라 변동하기 때문에 양력으로는 매년 거의 같은 날에 반복되지만, 음력으로는 차이가 나타난다. 음력 날짜는 계절과 조금씩 어긋나기 때문에 가끔 윤달(閏月)을 넣어서 계절과 맞게 조정을 한다.

24절기는 봄, 여름, 가을, 겨울의 절기로 세분되며, 각 절기는 기후와 밀접한 관련이 있으며, 농사철을 알려주는 중요한 역할을 함으로써 우리의 생활에 깊은 관련을 맺다.

(1) 봄

입춘 (2월 4일경)은 봄이 시작되는 날이다. 가정에서는 대문이나 집안 기둥에 입춘대길과 같은 글귀를 써 붙이고 마을에서는 공동으로 입춘 굿을 한다.

우수(2월 19일경)는 눈이 비로 변하고 얼음이 녹아 물이 된다는 뜻이다. 대동강 물이 풀리고 물고기가 올라오며 기러기는 다시 추운 지방으로 떠난다.

경칩(3월 6일경)은 겨울잠을 자던 동물들이 깨어나기 시작한다. 옛날에는 건강에 좋다하여 개구리 알을 먹었고, 빈대를 잡기위해 흙담을 쌓았다.

춘분(3월 21일경)은 낮과 밤의 시간이 같아지고 바람이 강해 꽃샘추위가 찾아온다. 농촌에서는 흙을 일구고 씨 뿌릴 준비를 한다.

청명(4월 6일경)은 나무와 씨앗을 심기에 적당한 시기로 한식일과 겹치기도 한다. 농사를 준비하기 위해 논둑과 밭둑을 손질하고 못자리판을 만들기도 한다.

곡우(4월 20일경)는 곡식에 필요한 비가 내리고 나무에 물이 가장 많이 오르는 시기이므로 사람들은 나무에 홈을 파고 통을 매달아 곡우 물을 먹는다.

(2) 여름

입하(5월 5일경)는 여름이 시작되는 날이다. 농작물이 자라기 시작하며 해충과 잡초가 많아져 농가 일손이 바빠진다.

소만(5월 21일경)은 햇볕이 충만하고 만물이 자라서 가득 차게 된다는 뜻으로 초여름 모내기가 시작된다.

망종(6월 6일경)은 보리 등 까끄라기가 있는 곡식의 씨를 뿌리는 시기이며 보리를 베어 먹는다. 논에서는 모내기가 한창이므로 농사일이 가장 바쁜 시기이다.

하지(6월 21일경)는 북반구에서 낮 시간이 1년 중 가장 길고, 일사량과 일사시간도 가장 많다. 하지가 지날 때까지 비가 오지 않으면 마을마다 기우제를 올린다.

소서(7월 7일경)에는 차츰 더워지고, 장마전선이 걸쳐 있어 습도가 높고, 비가 많이 온다. 농사에 쓸 퇴비를 준비하고 논두렁에 잡초를 뽑는다.

대서(7월 23일경)에는 더위가 극도에 달하고 1년 중 가장 더운 시기인 중복이 겹치며 장마로 비가 자주 온다.

(3) 가을

입추(8월 7일경)는 가을이 시작되는 날로 서늘한 바람이 분다. 농촌에서는 다소 한가하며 김장용 무와 배추를 심는다.

처서(8월 23일경)는 더위가 멈춘다는 뜻으로 선선해지기 시작하고 처서가 지나면 아침과 저녁으로 서늘해 일교차가 심해진다. 논에서는 벼가 익어간다.

백로(9월 8일경)는 이슬 맺힌 것이 하얗게 보인다는 뜻이다. 장마가 끝나고 쾌청한 날씨가 계속되나 때로는 늦은 태풍과 해일의 피해를 입기도 한다.

추분(9월 23일)은 낮과 밤의 길이가 같아지고 추분이 지나면 점차 밤의 길이가 길어진다. 농촌에서는 논밭의 곡식을 거두어들이기 시작한다.

한로(10월 8일경)는 찬 이슬이 맺히기 시작하여 농촌에서는 추수로 바쁜 시기이다. 이때를 전후해 국화전을 지져 먹고 국화주를 담갔다.

상강(10월 23일경)에는 쾌청한 날씨가 계속되나 밤 기온은 서리가 내릴 정도로 매우 낮아져서 춥다. 추수가 거의 끝나고 동물들은 겨울잠에 들어간다.

(4) 겨울

입동(11월 7일경)은 겨울이 시작되는 날이다. 햇곡식으로 시루떡을 만들어 1년을 마무리하는 제사를 올리고, 김장준비를 한다.

소설(11월 23일경)에는 땅이 얼기 시작하고 차차 눈이 내리기 시작한다. 가끔은 햇볕이 따뜻해 소춘이라고도 하나 바람이 불어 어촌에서는 뱃길을 금했다.

대설(12월 7일경)에는 눈이 많이 내리는 시기이다. 예전부터 이날 눈이 많이 내리면 다음 해에는 풍년이 든다고 하였다.

동지(12월 22일경)는 1년 중 밤이 가장 길고 낮이 가장 짧은 날이다. 팥죽에 새알심을 넣어 먹고, 악귀들이 붉은 색을 싫어한다고 하여 집 문 앞에 팥죽을 뿌렸다.[36]

소한(1월 5일경)은 대한이 소한 집에 놀러 갔다가 얼어 죽었다는 옛말이 있듯이 우리나라에서 가장 춥다.

대한(1월 20일경)은 겨울의 매듭을 짓는 절기로 추위의 절정기이나, 소한에 얼었던 얼음이 대한에 녹을 정도로 소한보다 따뜻하기도 하다.

3.2 봄 세시풍속

3.2.1 1월 1일 설날

(1) 이칭

설날은 원일(元日), 원단(元旦), 원정(元正), 원신(元新), 원조(元朝), 정조(正朝), 삼원(三元), 삼삭(三朔), 세수(歲首), 세초(歲初), 연두(年頭), 연수(年首), 연시(年始), 신일(愼日), 달도(怛忉) 등으로 표현한다. 이 명칭에서 보면 원(元)과 상(上)은 으뜸, 조(朝)와 단(旦)은 아침인 처음 날, 삭(朔)은 초하루, 정(正)은 정월, 삼(三)

은 연 · 월 · 일의 세 가지를 뜻하기에 모두 정월 1일이라는 뜻을 내포하고 있다. 더불어 삼간다는 뜻의 신(愼)과 근신하고 조심한다는 뜻의 달도(怛忉) 등을 사용하여 평소 일손을 놓고 근신하고 금기하며 신성한 자세로 제사를 모신다는 뜻을 담고 있다.[37]

(2) 역사

①『삼국지』「위지 동이전」

부여 사람들은 역법을 사용했다.[38]

각종 제천의식인 부여의 영고, 고구려의 동맹, 동예의 무천, 삼한의 수릿날, 계절제 등이 존재한 것으로 보아 당시 설날이라는 풍습이 있었던 것으로 보인다.

②『수서』와『당서』

신라에서는 매년 정월 초하루 아침에 서로 경하하며, 왕이 연회를 베풀고 여러 손님과 관원들이 모여 일월신(日月神)을 배례한다.

③『수서』와『북사』

고구려에서는 해마다 정초에 패수(浿水)에서 물과 돌을 서로 끼얹고 던지고 소리 지르며 놀았다.

④『고려사』

왕은 정월에 천지신과 조상신에게 제사를 지냈다. 정월 초하루 원정을 전후하여 관리들에게 7일간의 휴가를 주었고, 관리들은 왕에게 신년을 축하하는 예를 올렸으며 왕은 관리들을 위해 잔치를 베풀었다.

⑤『동문선』,『동국이상국집』,『양촌집』,『가정선생문집』,『도은선생문집』

고려시대 문집에는 정월 초하루에 집집마다 다니면서 나누는 새해 인사, 연하장 보내기, 악귀를 쫓기 위해 부적 문에 붙이기, 장수를 기원하는 뜻에서 세화 보내기 등의 여러 가지 행사를 진행했다고 기록되어 있다.

⑥『경도잡지』,『열양세시기』,『동국세시기』,『추재집』,『면암집』,『지봉유설』,『농가십이월속시』,『농가월령』,『해동죽지』

조선시대 문집에는 설날을 4대 명절로 기록하였다.

그림 3.2 농가월령

그림 3.3 면암집

그림 3.4 열양세시기

이처럼 설날은 삼국시대부터 시작된 풍속으로 고려시대 다양화되었고, 조선시대로 이어져 오늘날에 정착되었다.

(3) 행사

① 차례

차례는 조상숭배사상의 표현으로 조상신과 자손이 만나는 신성한 시간이다.[39] 차례는 설날 새벽이나 아침 일찍 지낸다. 지역적으로 경기는 떡국과 만둣국을, 강원은 떡국, 만둣국, 밥을, 충청, 경남, 전남은 떡국을, 전북, 경북은 밥을 상에 올리는데 이처럼 차례상은 지방과 가문에 따라 다르다.

② 세배

세배의 풍습은 생존한 어른에게 올리는 예의식으로 어른, 부부, 형제에게 덕담[40]을 한다. 보통 차례가 끝나면 나이 많은 어른에게 순서대로 절을 하고 새해 첫 인사를 드린다. 집안에서 세배가 끝나면 차례를 지낸 떡국으로 아침을 먹고 이웃 어른들에게 세배를 드린다. 세배를 받는 편에서는 어른에게는 술과 음식을, 아이에게는 과자와 새뱃돈을 준다.

③ 설빔

설빔은 세장(歲粧)이라고도 한다. 설날부터 새해가 시작되기 때문에 묵은 것을 다 떨구어 버리고 새 출발을 한다는 의미를 담고 있으며, 새로운 계절의 마디인 봄을 준비하는 옷이기도 하다. 설날 아침 차례를 지내기 위해 설빔으로 갈아 입는다.

④ 세찬

조상에게 차례를 지내고 이웃과 어울려 먹기 위하여 설날에는 일상적인 음식이 아닌 비일상적인 음식을, 나아가 특별식으로 떡국, 술 등 신성한 음식을 장만한다.[41] 예로부터 서로 나누고 베풀면서 더불어 살 줄 아는 아름다운 풍속을 갖고 있었기에 가능한 문화이다.

세찬은 떡국, 강정류, 식혜, 수정과, 약식, 편육, 빈대떡, 만두, 인절미, 세주(歲酒) 등을 만들며, 이웃과는 생닭, 생전복, 대구, 어란, 육포, 건어물, 귤, 곶감 등을 주고받는다.

(4) 금기

① 여성들의 출입 금지

한 해동안 재수가 없고, 부정을 타기 때문에 정초에는 여성들의 출입을 금하였다.

② 바느질 금지

손에 가시가 들거나 다칠 수가 있다고 하여 바느질을 금하였다.

③ 문 바르기 금지

문을 바르면 재수 구멍인 돈 구멍을 막을 수 있기 때문에 문 바르는 것을 금하였다.

④ 재 치우는 행위 금지

부엌의 재를 치우면 복이 나가기 때문에 재 치우는 것을 금하였다.

⑤ 곡식을 밖으로 내는 행위 금지

수확량이 줄어들기 때문에 곡식을 내는 행위를 금하였다.

(5) 기타 풍속

① 점복

첫 번째, 토정비결이다. 생년월일시로 점괘 숫자를 산출하여 1년과 달별로 개인의 운수를 점치는 행위이다. 두 번째, 청참은 처음 듣는 동물 소리로 일년 운수를 점치는 행위이다. 예를 들어 까마귀는 흉조, 까치는 길조, 소는 풍년, 참새는 흉년으로 여겼다.

② 정초십이지일

첫 번째, 첫 쥐날인 상자일(上子日)은 일을 하면 쥐가 곡식을 축낸다고 하여 모든 일을 금하였고, 바느질을 하지 않았다.

두 번째, 첫 소날인 상축일(上丑日)은 소에게 좋지 않다고 하여 도마질을 하지 않고, 연장도 다루지 않았다.

세 번째, 첫 호랑이날인 상인일(上寅日)은 일을 하면 호랑이가 나타난다고 하여 놀았으며 외출을 삼갔다.

네 번째, 첫 토끼날인 상묘일(上卯日)은 여자가 남의 집에 일찍 출입하면 재수가 없다하여 금하였다.

다섯 번째, 첫 용날인 상진일(上辰日)은 칼질을 금하였다

여섯 번째, 첫 뱀날인 상사일(上巳日)은 머리를 빗거나 이발을 하면 뱀이 나타난다 하여 금하였다.

일곱 번째, 첫 말날인 상오일(上午日)은 고사를 지내거나 장을 담갔다.

여덟 번째, 첫 양날인 상미일(上未日)은 어촌에서는 출어를 삼갔다.

아홉 번째, 첫 원숭이날인 상신일(上申日)은 부엌에 귀신이 나온다고 하여 남자가 여자보다 일찍 일어나서 비를 들고 부엌의 네 귀퉁이를 쓸었다.

열 번째, 첫 닭날인 상유일(上酉日)은 바느질을 하면 손이 닭발처럼 된다고 하여 금하고 빨래 너는 일도 금하였다.

열한 번째, 첫 개날인 상술일(上戌日)은 일을 하면 개가 텃밭을 해친다고 금하였다.

열두 번째, 첫 돼지날인 상해일(上亥日)은 콩가루로 세수를 하면 얼굴이 희어진다고 하였다.

③ 제액행위

첫 번째, 세화(歲畫)는 길상벽사(吉祥辟邪)로 새해에 집안으로 들어오는 나쁜 액을 막고 한 해의 안녕을 비는 뜻으로 닭, 호랑이, 까치 등의 동물을 그려 붙여 놓았다.[42]

그림 3.5 복조리

두 번째, 머리카락 태우기를 통해 액을 태워 병을 물리치며, 냄새로 악귀를 쫓는다는 의미를 담고 있다.

세 번째, 야광귀는 귀신이 찾아와 신발을 신어보고 맞으면 신고 간다하여 신발을 감춰놓는 행위이다.

네 번째, 복조리는 복을 긁어 모아 건진다는 의미로 문에 달아 놓았다.

④ 놀이

첫 번째, 윷놀이는 척사(擲柶), 사희(柶戲)라 부르며, 남녀노소 구별 없이 모든 사람이 어울려 하는 정초의 가장 보편적인 놀이이다. 29개의 윷판을 놓고, 말 4개가 돌아오게 하는 것이다. 도가 나오면 한 칸, 개가 나오면 두 칸, 걸이 나오면 세 칸, 윷이 나오면 네 칸, 모가 나오면 다섯 칸을 이동한다. 윷과 모가 나오면 윷가락을 한 번 더 던질 수 있다. 윷은 장작윷, 가락윷, 밤윷, 은행윷, 살구윷, 콩윷, 팥윷, 주사위 등 재료가 다양하며,[43] 윷놀이를 통해 그 해 운수를 점쳐 보기도 하며, 윷놀이와 윷점에 대해서는『경도잡지』에 소상하게 기록되어 있다.

그림 3.6 윷

그림 3.7 윷판 멍석

그림 3.8 윷뒤는모양

두 번째, 널뛰기는 길다란 널판 가운데 짚단이나 가마니를 고이고 양쪽에 한 사람씩 올라가서 번갈아 구르며 공중으로 올라갔다 내려오는 놀이이다.[44]

세 번째, 연날리기는 액막이 민속과 관련이 있어 액연을 만들어 날려 보냈다. 연은 한자로 솔개 연(鳶)자를 쓴다. 솔개는 매과에 속하는 용맹한 새로서 이 새는 공중에서 날개를 활짝 편채로 빙빙 돌며 유영을 하다가 사냥을 하는 것이 특징이다. 연의 옛 이름은 풍쟁(風箏), 쟁(錚), 궤 등이 있었으나 『삼국사기』에서는 풍연(風

그림 3.9 널뛰는 사진엽서

그림 3.10 연날리기-년날니모양

그림 3.11 방패연

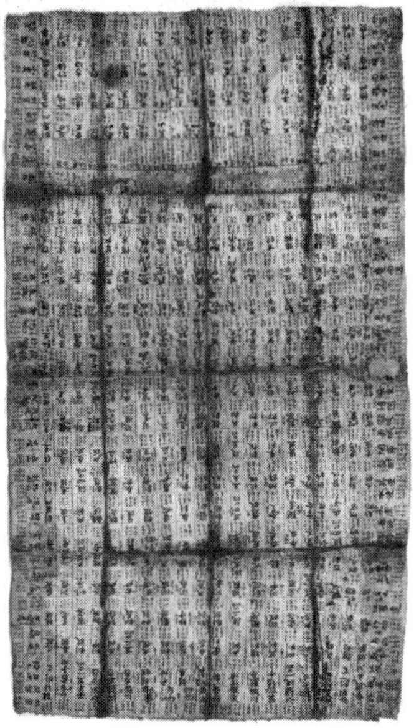

그림 3.12 승경도

그림 3.13 윤목

鳶)이라 기록되어 있고, 『고려사』와 조선시대 기록물에 따르면 지연(紙鳶)이라 하였다.[45]

네 번째, 승경도는 승정도(陞政圖), 종경도(從卿圖), 종정도(從政圖) 등으로 부르며, 주로 양반 가문의 젊은이들 즐겨 놀던 실내놀이이다. 관직이나 학업의 등급을 차례로 기입하고 주사위를 던져서 나온 끗수대로 승진하거나 후퇴하는 방식으로 한다.[46] 승경도는 단순한 놀이지만 현실 정치에서 일어나는 일들을 현실감 있게 반영하였다. 이 놀이를 통해 관직의 종류와 기능을 익힐 수 있었으며, 과거시험에 대한 향학열을 고취시키는데 기여하였다.

다섯 번째, 돈치기는 일정한 거리에서 동전을 던져 맞혀서 따 먹는 놀이이다. 『동국세시기』「정월 대보름」편에 따르면 "땅에 판 구멍에 동전을 넣어두고 어른이나 아이들이 갈라서서 다른 동전을 던지되, 맞힌 사람은 그 돈을 먹는다. 잘못 던지거나 맞히지 못하면 진다. 이것은 주로 정월대보름에 벌인다. 어린이들은 돈 대신 사금파리(사기그릇의 깨진 작은 조각)를 던지기도 한다."라고 나와 있다.

여섯 번째, 지신밟기는 해가 바뀌는 새해의 들머리에 집단구성원 또는 초청된 예인이 주축이 되어 풍물패를 꾸리고 한 해동안 마을과 가정의 안녕을 빌며 지신을 달래고 벽사와 축원을 동시에 진행하는 제의이자 놀이다.[47] 지신밟기는 계절적인 통과의례로서 공동체 내의 낡은 것과 묵은 것을 털어버리고 새로운 빛과 보람을 차지하려는 공동행위이다. 지신밟기를 위해서는 생산과 삶의 터전을 같이 살아가고 있는 사람들의 합의가 먼저 있어야 한다.

3.2.2 1월 15일 정월대보름[48]

(1) 음식

① 오곡밥과 묵은 나물

1월 14일 저녁 오곡밥은 쌀, 콩, 팥, 보리, 조, 밤, 대추 등을 섞은 밥을 짓거나, 찹쌀, 대추, 밤, 기름, 꿀, 간장, 잣 등을 넣은 약밥을 만든다.[49] 반찬은 더위를 타지 않기 위해 취나물, 무고지, 말린가지, 시래기, 콩나물, 호박고지 등을 준비한다.

② 부럼

밤, 호두, 잣, 무 등을 깨물며 부스럼이나 종기가 나지 않도록 빌고 "내 부럼"하고 외친다.

③ 귀밝이술

보름 아침 찬술을 마시면 귀가 밝아지고 그 해 좋은 소식만 듣는다고 한다.

(2) 기풍 및 기복

① 보름밥 훔쳐먹기

백가반(百家飯)이라 하여 정월 14일 저녁 집집마다 다니면서 오곡밥을 훔쳐먹는 풍습이다. 훔친 밥을 가지고 마을의 일정한 장소에 모여 함께 나누어 먹으며 즐겁게 시간을 보낸다.

② 복토 훔치기

『동국세시기(東國歲時記)』에 따르면 "꼭두새벽에 종각 네거리의 흙을 파다가 집네 귀퉁이에 뿌리거나 부뚜막에 바르는데 이는 재산 모으기를 바란다."라는 기록이 있다. 즉, 흙은 지모신의 상징으로 풍요를 의미한다. 지방에서는 부잣집의 흙을 훔쳐다 집에 바르는 경우도 있다.

③ 용알뜨기

1월 15일 새벽 닭 울기를 기다렸다가 가장 먼저 우물에 가서 물을 뜨는 행위이다. 이때 뜬 물이 용의 신력이 있다고 여겼다.

④ 볏가릿대

『동국세시기(東國歲時記)』에 따르면 "농가에서 대보름 전날 짚을 묶어서 기 모양을 만들고 그 안에 벼, 기장, 조의 이삭을 넣어서 싸고 목화도 같이 장대 끝에 매단다."라는 볏가릿대 관련 기록이 있다. 이는 농사를 가장한 가농작으로 화간(禾竿), 화적(禾積)이라 부르며, 풍년을 기원하는 의례이다.

⑤ 과일나무 시집보내기

대추, 감, 배, 감나무 등의 가지에 돌을 끼워 넣고 일종의 모의 성행위를 묘사하여 열매의 풍년을 기원하였다.

(3) 점복[50]

① 달불이

달불이는 달불음, 월자, 윤월이라 부르며, 14일에 콩 12개에 12달을 표시하여 수수깡 속에 넣고 이를 우물 속에 집어넣은 다음 15일에 꺼내어 콩의 모양에 따라 매달 강수량을 측정하였다.

② 집불이

달불이와 마찬가지로 집불이도 콩알에 마을 주민들의 이름을 기입하여 짚으로 묶어 우물 속에 넣고, 집의 운수를 점쳤다.

③ 사발점

1월 14일에 사발에 재를 담고 그 위에 여러 가지 곡식의 씨를 놓고, 사발을 지붕 위에 올려놓았다가 15일에 내려 날아간 곡식의 양에 따라 농사의 풍흉을 점쳤다.

④ 소밥주기

밥과 나물을 키에 담아 소에게 주면 소가 먼저 먹는 음식에 따라 한 해 풍년을 점쳤다.

⑤ 닭울음점

15일 새벽에 닭이 우는 횟수에 따라 많이 울면 울수록 풍년이라 점쳤다.

⑥ 달맞이

달을 보며 소원을 빌었다.

⑦ 달점

달빛이 붉으면 가뭄, 희면 장마, 윤곽과 사방이 짙으면 풍년, 엷으면 흉년의 징조로 보았다.

(4) 액막이

① 더위팔기

정월대보름 아침에 사람을 보면 급히 불러 “내 더위 사가라” 하며 여름을 이겨내고자 노력하였다.

② 제웅직성

사람의 나이 따라 운명을 맡은 9개의 별이 모두 9년에 한 번씩 돌아오는데 흉한 지성인 제웅직성이 남자는 10세, 여자는 11세에 들기 때문에 이때 액풀이가 필요하였다. 제웅이라는 짚 인형을 만들어 그 뱃속에 삼재 든 사람의 생년월일시를 적은 종이와 동전을 넣고 삼거리에 버리면 액을 물리칠 수 있다고 여겼다.

③ 달집태우기

짚, 솔잎, 나무를 모아 언덕 위에 쌓고 오두막, 다락 등의 달집을 제작하여 달이 뜨면 불을 붙여 환호하며 그 안에 대나무를 넣어 악귀를 쫓았다.

④ 방생(放生)

14일 밤 붕어, 자라를 사서 강에 놓아주고 소지(燒紙) 축원을 올렸다.

⑤ 동제

정월대보름의 대표적인 행사로 설에는 개인적인 의례가 많지만 정월대보름에는 공동의례가 많았다. 동제는 마을의 평안과 풍요를 위하여 마을에서 섬기는 수호신에게 합동으로 올리는 공동의 제의로 마을신앙의 행위적 표현이다. 섬기는 마을신은 산신, 용신, 서낭신 등으로 마을주민의 지연적인 화합을 담고 있다.

(5) 놀이

① 망우리 돌리기

깡통에 불을 담아 돌리는 놀이로 밝은 달의 모습을 하고 있다.

② 쥐불놀이

논두렁 잡초와 병충을 없애고, 재가 거름도 되고 논두렁이 여물어지며 농사가 잘 되게 하기 위하여 둑에 불을 놓는 것이다. 이때 "쥐불이야" 외치며 쥐불놀이를 하는데 다른 동네 청년들을 만나면 횃불싸움으로 이어진다.

③ 줄다리기

줄다리기는 마을의 풍년을 기원하고 승부의 결과로 한 해의 길흉을 점치는 행사이며, 줄을 당기는 날은 연령과 사회적 직위 등에 상관없이 여러 사람이 두 편으로 갈라 줄을 마주 잡아당겨 공동체의 신명을 즐기는 놀이이다. 줄다리기는 원래 동남아시아의 농경과 어로를 생업으로 하는 생활권에서 주로 행해졌던 놀이로 우리나라에서는 주로 중부 이남지방에서 행해져 왔다.

줄다리기를 인색(引索)이라 했으며 정월에 볏짚과 칡으로 줄을 만들고 줄에는 많은 작은 줄을 매어 용을 상징했다.[51] 마을을 둘로 나눠서 줄다리기를 하여 승부를 결정하는데 이기는 마을에 풍년이 온다고 믿었다. 일반적으로 동쪽의 주민은 숫줄을 만들고, 서쪽의 주민은 암줄을 꼬아 만든다. 암줄과 숫줄은 남녀의 생산적인 힘이 신성하다고 알리는 절차로 두 밧줄을 봉으로 결합하여 성교, 다산, 풍요의 연상을 이입하는 모의 성행위의 뜻을 가지고 있다.

3.2.3 1월 16일 귀신날

(1) 이칭

귀신날은 귀신닭(당)날, 달귀귀신날, 귀신단지날, 귀신다래는날, 귀신달구는날, 귀신달군날, 귀신당기날, 귀신단오날, 고마이날 등으로 불렀다.

그림 3.14 줄쌈하는 모양

(2) 역사

『동국세시기(東國歲時記)』「정월 월내조」에 따르면 "16일은 시골 풍속에 대체로 활동하지 아니하고 나무로 만든 물건을 받아들이지 않아 기일(忌日, 꺼리는 날)로 여긴다. 이것도 경주의 유풍(遺風)을 답습한 것이다."라는 기록이 있다. 즉, 신라시대부터 1월 16일을 귀신날로 여겼다.

(3) 풍습

귀신이 범접하지 못하도록 대문에 체를 걸어 놓거나 문 밖에서 목화씨, 고추씨를 태운다는 날이다. 낮에는 금기를 지키며 집안에서 조신하게 보내지만 저녁 무렵이면 귀신의 범접을 막기위한 적극적인 행위를 한다.

3.2.4 2월 1일 [52]

(1) 머슴날

농가에서 머슴들의 수고를 위로하기 위해서 음식을 대접하며 즐기도록 하는 날이다. 2월은 서서히 농사를 준비하는 시기로 고된 일이 시작되기 전에 머슴들을 하루 쉬게 하여 한 해의 농사에 전념하도록 당부하는 것이다. 특히, 『동국세시기(東國歲時記)』에 따르면 이날은 정월 대보름에 세웠던 볏가릿대를 내려서 그 속에 넣었던 곡식으로 떡을 만들어 머슴들로 하여금 먹게 하였다고 한다.

① 노래기 부적

백족충(百足蟲), 마현(馬), 마륙(馬陸), 환충(環蟲)이라 부르는 구렁방아벌레의 애벌레인 노래기를 쫓기 위하여 향낭각씨속거천리(香娘閣氏速去千里)이라는 글씨를 붙였다.

② 콩볶이

콩을 볶아 먹으면 새와 쥐가 없어져서 곡식을 축내는 일이 없었고 액을 물리칠 수 있다고 여겼다.

③ 볏가리점

정월대보름에 세워놓은 볏가릿대의 곡물주머니를 보고 농사의 풍흉을 점쳤다.

(2) 중화절

궁중에서는 이 날 정치의 척도를 계량한다는 뜻으로 중화척(中和尺)이라는 자를 재상과 시종에게 나눠주었는데 이는 농사의 치적을 척도로 계산한다는 뜻을 내포하고 있다.

3.2.5 3월 3일 삼짇날

(1) 이칭

삼질, 삼잿날, 여자의 날, 강남갔던 제비오는날, 상사(上巳), 원사(元巳), 중삼(重三), 상제(上除), 답청절(踏青節) 등으로 불렀다.

(2) 역사

① 『삼국사기』 권 32 잡지 제1제사조

고구려에서는 항상 3월 3일에 낙랑의 언덕에 모여 사냥을 하여 잡은 돼지와 사슴으로 하늘에 제사를 지냈다.

② 『동국세시기』

진달래꽃을 따다가 찹쌀가루나 녹두가루로 반죽하여 둥근 떡을 만들었는데 이를 화전(花煎)이라 한다. 혹은 녹두가루에 붉은색 물을 들여 그것을 꿀물에 띄운 것을 수면(水麵)이라고 한다. 이것들은 시절음식으로 제상에 올렸다.

(3) 풍습

삼짇날에는 진달래화전을 해먹고 풀피리를 불며, 풀싸움과 풀각시놀이 등을 통해 봄놀이를 즐겼다.

3.3 여름 세시풍속

3.3.1 양력 4월 5일경 한식

(1) 역사

『동국세시기』「삼월조」에 따르면 "산소에 올라가서 제사를 올리는 풍속은 설날, 한식, 단오, 추석이다. 술, 과일, 식혜, 떡, 국수, 탕, 적 등의 음식으로 제사를 드리는데 이것을 명절 하례 혹은 절사(節祀)라 한다. 선대부터 내려오는 풍속을 쫓는 가풍에 따라서 다소간 다르지만 한식과 추석이 성행한다. 까닭에 사방 교외에는 사대부 여인들까지 줄을 지어 끊이지 않았다. 상고하면 당나라 정정칙(鄭正則)의 사향의(祠享儀)의 글에 이르기를 옛날에는 산소에서 지내는 제사에 관한 기록된 문헌이 없었다. 그런데 공자가 묘를 바라보며 때에 따라서 제사지내는 것을 채택했으므로 이른바 묘제는 이에서부터 나온 것이다"라고 하였다.

(2) 풍습

한식은 청명 바로 다음날이거나 같은 날로 4월 5일~6일쯤이다. 고려시대에는 금화(禁火), 성묘, 투란 등의 풍습이 있었고, 조선시대에는 금화(禁火)와 개화(改火)의 풍습이 있었다.[53] 더불어 종묘제향을 행하고, 성묘를 하는 한편 밭에 파종을 하였다. 현대에는 손 없는 날 또는 귀신이 꼼짝없는 날로 여겨 산소에 잔디를 새로 입히거나 비석과 상석을 세웠다.

(3) 유래

① 고대 개화(改火)의례설

오래된 불은 생명력이 없을 뿐만 아니라 인간에게 나쁜 영향을 미친다. 고대부터 종교적 의미로 매년 봄에 어느 기간 동안 묵은 불(舊火)을 끄고 새로운 불(新火)을 만들어 사용한 개화의례에서 나타났다.

② 개자추(介子推) 전설

중국 진나라 문공(文公)을 살린 충신 개자추에게 벼슬을 주려 하자 개자추는 벼슬을 마다하고 면산(綿山)에 숨었다. 아무리 청하여도 나오지 않자 개자추를 나오게 할 목적으로 면산에 불을 질렀는데 끝까지 나오지 않아 불에 타서 죽었다. 그 뒤 그를 애도하기 위하여 불을 금하고 찬 음식을 먹는 풍습이 생겼다고 한다.

3.3.2 4월 8일 부처님 오신날

(1) 이칭

석가모니 탄생일, 사월 초파일, 부처님 불탄일(佛誕日), 욕불일(浴佛日)[54], 석탄일(釋誕日) 등으로 불렀다. 불교에서는 2월 8일 석가출가일[55], 2월 15일 열반일[56], 12월 8일 성도일[57]과 더불어 4대명절로 칭하였다.

(2) 역사

음력 4월 8일 부처님오신날은 불교의 가장 큰 명절로 1968년 조계종 총무원 공식회의를 통해 부처님오신날로 결정했으나, 정부 국무회의를 통해 1975년 석가탄신일로 결정되어 국가 공휴일로 지정되었다.

고려시대 활발하게 거행된 연등회[58]와 팔관회 등 국가적 규모의 축제와 수많은 불교의식이 사라지고 조선시대에는 불교와 연관된 절기로 부처님 오신날만 남게 되었다. 그리고 이 부처님오신날은 연등회와 마찬가지로 석가탄신일을 경축하는 의미보다 모내기를 끝내고 쉴 수 있는 놀이가 중심인 축제였다는 의견도 있다.

(3) 행사

① 연등행사

연등행사에서 등(燈)을 만들 때에도 민속적 취향에 따라 수박등, 거북등, 오리등, 일월등, 학등, 배등, 연화등, 잉어등, 항아리등, 누각등, 가마등, 마늘등, 화분등, 방울등, 만세등, 태평등, 병등, 수복등을 만들었다.

② 탑돌이

『우요불탑공덕경』에 따르면 "불탑을 오른쪽으로 도는 자는 모든 천신과 귀신들이 공양을 바치고, 태어나는 곳마다 8난(難)이 없는 무난처(無難)이며, 생각과 지혜를 항상 잃지 않고, 복과 명이 길어서 장수하며, 부귀를 얻고 재보가 늘어난다."라고 하였다. 이에 인도에서는 예로부터 스승이나 신 또는 존경하는 사람에게 오른쪽으로 세 번 도는 인사법이 있었다. 그 인사법이 우리나라에서는 부처님을 생각하며 탑을 돌며 갖가지 공덕을 비는 의식의 하나로 정착되었다.[59]

3.3.3 5월 5일 단오

(1) 개념

단오의 어원은 수릿날(戍衣日), 천중절(天中節), 중오절(重午節), 중오절(重五節), 단양(端陽)이라고도 한다. 수리는 고(高), 상(上), 신(神) 등을 의미하는 고유어로 신의 날, 최고의 날을 의미한다. 또한 단(端)은 시작이나 끝의 뜻이고 다섯 오(五)와 일곱째지지 오(午)와 같은 발음이기 때문에 초오(初五)라는 뜻을 갖고 있다.[60]

『삼국지』에 따르면 "오월에 씨뿌리기를 마치면 귀신에게 제사를 지냈다. 무리가 모여서 가무와 음주로 밤낮을 쉬지 않았다."라는 기록이 있다. 『삼국유사』에 의하면 "매년 5월 3일과 7일, 5월 5일, 8월 5일과 15일에 가락국의 수로왕을 위해 성대한 제례를 행했다고 한다."라는 기록이 있다. 이처럼 5월 5일 단오는 삼국시대부터 존재한 풍습이라는 것을 알 수 있다.

예로부터 농경 문화권에 있어서 중요한 것은 병충해 및 질병 방지를 기원하는 신앙의례인데 5월 파종이 끝나면 오곡 풍요를 기원하여 제신(諸神)에게 제사를 지낸 것이 단오라는 풍습으로 정착된 것이다.

(2) 행사

① 단오빔

유만공의『세시풍요』에는 “단오 옷은 젊은 낭자에게 꼭 맞으니, 가는 모시베로 만든 홑치마에 잇빛이 선명하다. 꽃다운 나무 아래서 그네를 다 파하고 창포 뿌리 비녀가 떨어지니 작은 머리털이 비녀에 두루 있다. 단오옷을 술의라고 한다.”라는 기록이 있다. 이때 술의는 신의(神衣)로 곧 태양신을 상징하기 때문에 단오빔은 여름옷을 의미한다.

② 단오고사

단오에는 편안과 오곡의 풍년 그리고 자손의 번창을 비는 고사를 지낸다.

③ 머리감기와 비녀

단오에는 창포를 넣어 삶은 물로 머리를 감고, 액을 물리치기 위해 궁궁이(미나리과 풀)를 머리에 꽂았다. 또한 창포비녀에 수복(壽福)이라는 글자를 새겨 패용하면 벽사의 기능을 가진다고 여겼다.

④ 익모초와 쑥

익모초와 쑥을 뜯어 말려 뜸을 뜨거나 먹으면 액을 물리칠 수 있다고 여겼다.

⑤ 대추나무 시집보내기

대추나무 가지 사이에 돌을 끼워놓고 열매가 열리기를 바라는 행위이다.

⑥ 그네뛰기

그네는 군디, 군데, 군의로 부르며, 느티나무, 버드나무, 대추나무에 줄을 매어 외그네뛰기, 쌍그네뛰기, 맞그네뛰기 등으로 논다.

⑦ 씨름

고구려 고분벽화 등장한 씨름은 왼씨름, 오른씨름, 띠씨름 등이 있다.

3.3.4 6월 15일 유두

(1) 이칭

유두는 동쪽으로 흐르는 물에 머리를 감고 목욕하면 부정한 것이 물러간다는 뜻으로 소두, 수두 등으로 불렀다.

(2) 역사

① 고려시대 김극기의 『김거사집』

경주 풍속에 따르면 6월 보름에 동쪽으로 흐르는 물에 머리를 감으면 불길한 것을 씻을 수 있다. 그리고 술을 마시고 놀면서 유두연을 한다.

② 『고려사』

6월 병인에 시어사 두 사람이 환관 최동수와 더불어 광진사에 모여 유두연을 베풀었다.

③ 정학유의 『농가월령가』[61]

삼복은 속절이요 유두는 가일이라
원두밭에 참외 따고 밀 갈아 국수하여
가묘에 천신하고 한때 음식 즐겨 보세
부녀는 허피 마라 밀기울 한데 모아
누룩을 디디어라 유두곡을 혀느니라
호박나물 가지김치 풋고추 양념하고
옥수수 새 맛으로 일 없는 이 먹어 보소
장독을 살펴보아 제 맛을 잃지 마소
맑은 장 따로 모아 익는 쪽쪽 떠 내어라
비 오면 덮것인즉 독정을 정히 하소

(3) 행사

유두는 물과 관련 깊은 명절로 물은 부정을 씻는 의미를 담고 있다. 특히, 유두에는 탁족놀이를 즐기는데 이 역시 단순하게 발을 씻는다는 것이 아니라 몸과 마음을 정화한다는 의미를 지니고 있다.

① 유두제사

참외와 수박 같은 햇과일과 함께 밭작물인 밀로 만든 국수, 밀전병을 조상에게 제물로 올려 유두제사를 지낸다.

② 용신제, 밭제

논, 밭에서 풍농을 위한 농신제로 각별히 팥죽을 쑤는 집안이 많다.

3.4 가을 세시풍속

3.4.1 7월 7일 칠석

(1) 설화

견우와 직녀가 만나는 날인 칠석은 중국으로부터 유입된 설화에서 유래하였다.

"옥황상제가 다스리는 하늘나라 궁전의 은하수 건너에 부지런한 목동인 견우가 살았고, 베를 잘 짜고 착한 손녀 직녀가 살았다. 옥황상제가 둘을 결혼시키자 둘은 모든 일을 게을리하였고 천계의 현상이 혼란에 빠져 기근으로 고통을 받자 옥황상제는 두 사람을 은하수 양쪽에 각각 떨어져 살게 하였다. 이러한 부부의 안타까운 사연을 알게 된 까마귀와 까치가 칠석날이면 오작교를 만들어 일 년에 한 번씩 회포를 풀 수 있도록 해주었다."

이 설화는 사실 독수리별자리의 알타이르별과 거문고별자리의 베가별이 은하수 동쪽과 서쪽에 위치하고 있다가 태양 운행상 1년에 한 번 만나는 것처럼 보이자 칠석과 관련된 설화로 만들어 진 것이다.

(2) 행사

① 걸교

칠석 새벽에 부녀자들은 참외와 오이 등의 과일을 상에 올려놓고 절을 하며 바느질 솜씨가 늘기를 빌었다.

② 칠석제

집안의 사당에서 밀국수, 밀전병, 호박도래전 등의 시절 음식을 차려놓고 제를 올렸다.

③ 논에 일찍 나가지 않는 풍습

칠석에는 신이 논에 내려와 곡식의 생산량을 정해주기 때문에 사람이 나와서 돌아다니면 신이 수확량을 감한다 하여 논밭에 나가지 않았다.

3.4.2 7월 15일 백중

(1) 이칭

백중, 백종, 백종절, 중원일, 망혼일, 호미걸이, 호미씻이, 술멕이, 풋굿, 질먹기, 진서턱, 파접, 파결이, 써레씻이, 호미씨시, 호미씻기연, 농현, 풋굿이, 세사연, 꼰비기먹인다, 괭이발이, 써리씻금, 호맹이씻기, 세서연 등으로 불렀다.

(2) 풍습

일꾼들이 먹고 마시고 하루를 보내는 농촌축제이다.

① 백중빔

머슴들에게 새옷을 장만해 주고 휴가를 즐기도록 한다.

② 호미 씻는날

7월 백중을 전후하여 농촌에서는 논밭의 김매기가 끝나고 비교적 한가한 시기이다. 잠시 농사일을 쉬며, 술과 떡 등의 음식을 장만하여 마을이나 계곡에서는 풍물을 치고 춤추며 하루를 즐겁게 놀고 호미를 씻어 치워둔다. 백중은 일종의 농사피로연으로 더위와 피곤을 풀고 서로를 위로하는 공동체 삶의 현장에서 마을축제라는 의미를 지니고 있다.

3.4.3 8월 15일 추석

(1) 이칭

추석은 한가위, 가배, 중추절, 중추라고 불렀다. 한가위의 한은 하다(正大)의 관형사로 크다의 의미이고, 가위는 가배(嘉俳)를 의미한다. 즉, 한가위는 정가운데 날을 의미한다. 중추절(仲秋節)은 가을의 한가운뎃날이라는 의미이다.[62]

(2) 역사

신라시대부터 시행된 추석은 고려와 조선시대를 겪으면서 큰 명절로 자리잡았다.

① 『수서』 「동이전」

신라에서는 8월 15일이면 왕이 풍류를 베풀고 관리들을 시켜 활을 쏘게 하여 잘 쏜 자에게는 상으로 말이나 포목을 준다.

② 『구당서』 「동이전」 신라조

신라인들은 산신(山神)에 제사 지내기를 좋아하며 8월 보름날이면 크게 잔치를 베풀고 관리들이 모여서 활을 잘 쏜다.

③ 『삼국사기』 권1 「신라본기」1 유리이사금 9년조

왕이 육부(六部)를 정한 후 이를 두 패로 나누어 왕녀 두 사람으로 하여금 각각 부내(部內)의 여자들을 거느리게 하여 편을 짜고, 7월 16일부터 날마다 육부의 마당에 모여 길쌈을 했는데 밤늦게야 일을 파하게 하고 8월 보름에 이르러 그 공(功)의 다소를 살펴 지는 편은 음식을 장만하여 이긴 편에 사례하고 모두 노래와 춤 등의 온갖 놀이를 하였으니 이를 가배라 한다. 이때 진 편의 여자들이 일어나 춤추며 탄식하기를, '회소회소(會蘇會蘇)' 하였는데 그 소리가 구슬프면서 아름다웠으므로 뒷사람들이 그 소리를 인연으로 노래를 지어 회소곡(會蘇曲)이라 하였다.

(3) 풍습

오곡이 익는 계절인 만큼 모든 것이 풍성하고 즐거운 놀이로 밤낮을 지내기에 이때처럼 잘 먹고 살았으면 하는 바램이 간절하였다.

① 추석빔

앞으로 다가올 겨울 옷을 장만하여 입었다.

② 성묘

추석 전에는 조상의 산소를 찾아 미리 벌초를 하여 여름 동안 묘소에 무성하게 자란 잡초를 베어준다. 추석날 아침에는 햇곡으로 빚은 송편과 각종 음식을 장만하여 조상 차례를 지내고 성묘를 한다.

③ 강강술래

강강술래는 풍요를 상징하는 보름달의 형태로 여성들이 원형을 그리며 노는 놀이이다. 농경사회에서 보름달은 풍요를 상징하며 이는 생산의 주체인 여성 자체를 의미한다. 즉, 여성들이 보름달 아래에서 노는 강강술래는 풍요의 극치이다. 선소리(선창)를 하면 다른 사람들이 뒷소리(합창)로 받는데 이때 가사는 시집살이, 베틀가 등의 전래 민요, 즉흥적인 가사로 부르며 후렴으로 강강술래를 합창한다.

④ 소놀이와 거북놀이

소는 농사일을 하는 존재로서 생구(生口)라 할 정도로 가족의 일원으로 여겼고 거북은 십장생의 영물로서 수신(水神)과 농경신이였다. 이 둘을 주제로 한 놀이는 결국 풍년을 기원하는 농경의례라 할 수 있다.

놀이방법은 다음과 같다. 두 사람이 서로 궁둥이를 맞대고 엎드린 후 그 위에 멍석을 씌운다. 앞 사람은 멍석 밑에서 잘 깎은 막대기 두 개를 내밀어 마치 뿔처럼 보이게 하고 뒷사람은 동아줄을 한 가닥 늘어뜨려 마치 소(거북)꼬리처럼 보이게 한다. 이때 농부 한 사람이 앞에서 소(거북)의 고삐를 잡고 끌고 가며 소(거북) 뒤에는 풍물패가 따른다. 이후 소(거북)를 앞세운 일행은 부자집을 찾아간다. 대문 앞에서 소(거북)고삐를 잡은 사람이 "소(거북)가 배가 고파서 왔습니다. 여물과 뜨물을 주시오."라고 소리치면 주인은 음식을 차려 대접한다. 이렇게 여러 집을 찾아다니며 마을 사람 모두가 즐겁게 시간을 보낸다.

(4) 음식

① 송편

송편은 쌀가루를 익반죽하여 햇녹두, 청태콩, 깨, 밤, 대추, 고구마, 곶감, 계피가루 같은 것을 소로 넣어 둥글게 빚는다.

② 토란국 · 화양적 · 누름적

토란국은 다시마와 쇠고기를 섞어서 끓인다. 화양적은 햇버섯, 도라지, 쇠고기에 갖은 양념을 하여 볶아 꼬챙이에 끼운 음식이다. 누름적은 화양적과 같은 방법으로 하되 밀가루나 달걀을 묻혀 지진 음식이다.

③ 닭찜

닭이 살이 올라 가장 맛있는 계절이므로 추석의 절식으로 닭찜을 한다.

④ 율단자

찹쌀가루를 쪄서 계란같이 둥근 떡을 만들고 삶은 밤을 꿀에 개어 붙이는 율단자도 추석의 음식이다.

⑤ 묵은 나물

다가올 겨울의 저장용 반찬거리를 마련할 시기이기 때문에 박고지, 호박고지, 호박순, 고구마순 등을 산채로 준비한다.

3.4.4 9월 9일 중양절

(1) 개념

강남에서 온 제비가 돌아간다고 날로 같은 홀수가 겹치는 날이다.

(2) 풍습

① 제사

왕실과 민간에서는 제사를 지냈다.

② 등고

양이 가득한 날로 국화주를 마시고, 산에 올라가 놀았다.

③ 추수

논농사에 대한 결산인 추수를 하고 밭농사인 마늘을 심었다.

(3) 음식

① 국화주

국화꽃을 따서 술 한 말에 꽃 두 되 꼴로 베주머니에 넣어 술독에 담아 뚜껑을 덮어둔다. 약주에 국화꽃을 띄워 국화주를 즐길 수도 있다. 화전, 화채, 술에 모두 쓰이는 국화는 재래종인 감국(甘鞠)이어야 향기도 좋고 오랫동안 싱싱하다.

② 국화전

노란 국화꽃잎을 따서 국화 찹쌀떡을 만드는데, 그 방법은 삼월 삼짇날의 진달래 떡을 만드는 방법과 같으며, 이름도 화전(花煎)이라고 한다.

(4) 의의

추석이 햇곡으로 제사를 지내기 때문에 추수가 마무리되는 중양절에 중구차례를 지내면서 논농사의 발전에 대한 감사의 인사를 전한다.

3.5 겨울 세시풍속

3.5.1 10월 시제[63]

(1) 이칭

시사(時祀), 시향(時享), 묘사(墓祀), 묘전제사(墓前祭祀), 세일제(歲一祭), 세일사(歲一祀) 등으로 불렀다. 시제는 5대조 이상의 조상을 위해 묘소에서 지내는 제사이다.

(2) 시제의 절차[64]

① 시제 준비

하루 전날 주인이 여러 집사자들을 거느리고 재실로 나아가 재계한다. 각 묘소마다 제물을 준비하며 토지신에게 지낼 제물도 준비한다. 주인은 심의(深衣)를 입고 집사자를 데리고 묘소에 가서 재배하고 묘소 안팎을 돌며 슬프게 살피기를 세 번 한다. 그리고 묘소와 그 주변을 청소한다. 저녁에는 재실에서 주인이 중심이 되어 시도기(時到記) 또는 시도록(時到錄)을 가지고 각 묘소마다 헌관 및 축관, 집례, 집사자를 정한다.

② 진설(陳設)

깨끗한 자리를 묘소 앞에 깔고 제물을 차려놓는다. 석상이 있을 경우에는 그 위에 제물을 차린다. 기제에는 과일과 나물 등을 진설하고, 강신한 후에 떡과 국수, 적과 탕, 밥과 국 등을 진찬(進饌)하지만 시제에는 진찬의 절차가 없다. 따라서 시제에서는 진설 때 모든 제사 음식을 올린다.

③ 참신(參神)

참사자 모두 참신 재배를 한다.

④ 강신(降神)

주인이 분향하고 잔에 술을 따라 모사기에 붓거나 석상 아래 땅에 붓고서 강신 재배를 한다.

⑤ 초헌(初獻)

주인이 첫 번째 잔을 올린다. 기제와 같이 주인이 침주(斟酒), 전작(奠爵), 좨주(祭酒)를 한다. 이때 육적을 올리고, 메의 뚜껑을 열며, 숟가락을 밥에 꽂고 젓가락을 바로 놓는다. 대축이 주인의 왼쪽에서 축문을 읽으며, 독축이 끝나면 주인이 재배를 한다. 집사자 한 사람이 술을 거두어 퇴주기에 붓는다.

⑥ 아헌(亞獻)

두 번째 잔을 올리고 재배를 한다. 아헌과 종헌은 모두 아들 또는 동생이나 친한 벗이 한다. 자제들이 없으면 주인이 스스로 삼헌을 한다.

⑦ 종헌(終獻)

세 번째 잔을 올리고 재배를 한다.

⑧ 유식(侑食)과 합문(闔門)

『주자가례』 및 『사례편람』에는 시제에 유식과 합문의 절차가 없다. 다만 『사례집의』에는 "첨주는 없다. 엄숙하게 한 번 밥 먹을 시간을 기다린다."라고 하였다. 이에 집안 마다 첨주를 하기도 하며 집사자가 밥에 숟가락을 꽂고 숟가락을 접시 위에 가지런히 놓는 삽시정저(揷匙正箸)를 하고, 합문의 의미로 참사자 모두 부복(俯伏)하거나 국궁(鞠躬)을 하며 뒤돌아 서 있기도 한다.[65]

⑨ 계문(啓門)과 진다(進茶)

『주자가례』와 『사례편람』에는 묘제에 계문과 진다의 절차가 없다. 다만 『사례집의』에는 "주인이 올라가 국을 물리고 숭늉을 올려 차를 대신하며 내려가 제자리로 돌아간다. 수조(受胙)하지 않고, 서서 조금 기다린다. 집사자 한 사람이 올라가 수저를 접시 안에 내리고 밥뚜껑을 닫고 내려와 제자리로 돌아간다."라고 하였다. 합문 후에 대축이 헛기침을 세 번 하면 계문하듯이, 참사자 모두 몸을 펴거나 일어서며, 집사자가 국을 물리고 숭늉을 올리면 국궁을 한다. 곧 기제와 같이 밥과 국을 올렸을 경우에는 숭늉을 드린다. 하지만 메와 갱을 올리지 않은 때에는 합문 및 진다가 생략되고 바로 사신 재배를 한다. 시제에는 기제와 달리 음복수조하는 예도 있다. 주인이 신위전에 나아가 북향하여 무릎을 꿇으면 축관이 신위전의 술을 내려 주인에게 주면 주인은 술을 조금 마신다. 이어 축관이 신위전의 밥이나 포 등을 내려 주인에게 주면 주인은 이를 맛본다. 그리고 축관이 서쪽 계단 위에 서서 동쪽을 향하여 "이성(利成)"[66]이라고 외친다.

⑩ 사신(辭神)

국궁 후에 집사자가 숟가락과 젓가락을 접시 안에 내리고, 밥뚜껑을 닫고 내려오면 참사자 모두 사신 재배를 한다.

⑪ 분축

대축이 축문을 불사른다. 집사자가 제상의 음식을 물린다.

⑫ 산신제

만약 같은 산 안이면 여러 묘위에 제사를 마치고 가장 높은 묘위의 묘소 왼쪽에서 지낸다. 시제를 지내기 전에 산신제를 먼저 지내기도 한다.

3.5.2 10월 상달고사

(1) 개념

음력 10월에 가정에서 말날이나 길일(吉日)을 택해서 가택신에게 지내는 고사이다. 성주를 비롯해 조상, 조왕, 삼신과 같은 모든 가택신에게 제사한다.

(2) 역사

『삼국지』「위지 동이전」에서는 "예부터 10월에는 하늘에 제사를 지냈으니 고구려에서는 사당을 세워 귀신(鬼神), 사직(社稷), 영성(靈星)에 제사 지내는 제천의례가 있었는데 그것을 동맹이라 했다. 동예의 무천을 비롯하여 마한에서도 농공이 끝난 후인 10월에 제천의례를 올렸다."라는 기록이 있다. 이와 같은 고대 제천의례의 유습으로 진행된 상달고사는 고려와 조선시대를 거쳐 오늘날까지 이어졌다.

(3) 풍습

팥시루떡을 하여 성주를 비롯한 집안의 신들에 올려 가내의 평안, 건강, 풍요를 빌었다. 또한 무당을 불러 굿을 하기도 하는데 이를 지방에 따라 성주굿, 성주받이굿, 안택굿이라 한다.

3.5.3 12월 30일 섣달그믐

(1) 이칭

세밑, 눈썹세는날, 제석(除夕), 제야(除夜), 제일(除日), 세제(歲除), 세진(歲盡) 등으로 불렀다. 음력으로 한 해의 마지막이므로 새벽녘에 닭이 울 때까지 잠을 자지 않고 새해를 맞이한다.

(2) 풍습

섣달그믐에는 묵은세배, 수세, 만두차례, 나례(儺禮), 약태우기, 연말대청소, 이갈이예방, 학질예방 등의 풍습을 진행했다.

04 일상의례

4.1 출생의례

4.1.1 기자

기자(奇字)는 결혼한 부부가 아이를 낳기 위하여 자연 및 우상 신에게 치성을 드리는 행위이다. 기자는 주술기자와 치성기자로 나뉜다. 주술기자는 아이 출산의 주력을 얻는다고 믿는 의례이며, 치성기자는 신을 감동시켜 아이를 출산하기 바라는 의례이다.

(1) 주술기자

주술기자는 사물을 소지하거나 음식물을 섭취함으로써 그 주술적인 힘을 빌려 아이를 얻으려는 행위이다.

① 행위

- 아이 많은 집의 금줄 훔치기
- 아들 많이 낳은 여인의 진자리옷[67] 가져다 입기
- 아들 많은 여인의 생리대 훔쳐다 차기
- 은, 쇠, 나무 등으로 만든 도끼를 속옷 끈에 차기
- 고추를 주머니에 넣어 차기

그림 4.1 기자도끼

② 음식

- 아들 많이 낳은 여인에게 쌀과 미역을 가져다가 첫국밥을 해주고 그 집의 쌀과 미역을 가져다가 먹기
- 금줄에 끼워 둔 미역 먹기
- 석불이나 돌미륵의 코를 문질러서 그 가루 먹기
- 혼례때 용떡[68]을 몰래 훔쳐 먹기
- 세종대왕 능 타기

(2) 치성기자 [69]

신이나 특정한 자연물을 대상으로 기자를 하는 행위이다. 특이성과 영속성을 지닌 대상물이라 할 수 있는 바위, 샘, 나무 등에 치성을 드린다. 결국 대상의 신성성에 감응되어 임신이 되길 간절히 바랐던 것이다.[70]

① 산 치성

큰바위, 옹달샘, 큰나무 등에 치성을 드리는 행위

② 바다 치성

해안이나 어촌에서 용왕에게 치성을 드리는 행위

③ 절 치성

산신각, 칠성각의 현판을 단 사당에서 100일 기도 형태로 치성을 드리는 행위

④ 집안 치성

집에서 칠성, 조왕, 산신에게 비는 행위

⑤ 무공 치성

무당에게 의뢰하여 무당이 큰 굿을 하여 임신을 바라는 행위

4.1.2 임신[71]

임신부는 말과 행동을 삼가고 마음가짐을 바르게 해야 태아에게 절로 좋은 감화를 주어 훌륭한 아이로 자랄 수 있다고 믿었다. 이로써 태아에게 교육적 태내환경을 조성하여 양친이 행하는 첫 교육적 노력이라 할 수 있다. 즉, 태중금기라하여 잉

태한 아이를 완전하고 건강한 아이로 낳기 바라며, 동시에 출산 후 아이의 정신적, 신체적 불운을 예방하기 위하여 일정한 음식과 행위를 가렸다.

(1) 음식

- 오징어, 문어, 가오리를 먹으면 뼈 없는 아이를 낳는다.
- 임신 중에 오리고기, 닭고기를 먹으면 아기의 발이 붙는다.
- 메밀묵이나 도토리묵을 먹으면 유산한다.
- 산모가 밀가루 음식을 먹으면 유도(乳道)가 막혀 젖이 안 나온다.
- 두부, 호박을 먹으면 산모의 이가 상한다.
- 미역국 외에 김치 같은 딱딱한 것을 먹으면 이가 상한다.
- 비린내 나는 음식, 상갓집 음식, 자극성 있는 음식, 단단한 음식, 무른 음식을 가린다.
- 동냥도 주지 말고 남의 음식을 얻어먹지도 말아야 한다.
- 간장을 나누어 먹으면 젖이 마른다.

(2) 행위[72]

- 말고삐나 소고삐를 넘으면 안 된다.
- 불을 넘으면 안 된다.
- 담을 넘으면 안 된다.
- 빗자루를 깔고 앉으면 안 된다.
- 음식을 바가지에 담으면 안 된다.
- 발꿈치를 디디면 안 된다.
- 부엌이나 굴뚝을 고치면 안 된다.
- 이장(移葬)을 하면 안 된다.
- 구부러진 길을 가지 않는다.
- 자루를 깁지 않는다.
- 앉고, 듣고, 보는 것을 좋은 것으로 한다.
- 체를 넘으면 12개월만에 출산한다.

그림 4.2 태항아리

그림 4.3 삼신상

4.1.3 출산[73]

(1) 분만[74]

분만할때에는 산실[75]의 윗목에 삼신상을 차려놓고, 산모는 아랫목에 누워서 분만을 기다린다. 전통적인 자세는 무릎을 꿇고 엎드려서 출산한다. 아기를 분만한 뒤에 자른 태는 짚이나 종이에 싸서 놓았다가 처리하는데 처리하는 방법에는 태를 작은 단지에 넣고 뚜껑을 덮은 뒤에 땅에 묻는 법, 물에 띄우는 법, 불에 태우는 법 등이 있다.[76]

(2) 출산 이후

대문에 금줄을 쳐서 외인을 금하고, 산모에게 삼신상에 올렸던 쌀과 미역으로 국밥을 해준다. 이때 금줄은 짚으로 새끼를 꼬아 아들과 딸을 따라 다르게 걸었다. 짚은 토지를 의미하며, 청정의 식물이고 생명을 존속시키는 다산의 식물로 보았다. 또한 보통 새끼는 오른쪽으로 꼬지만 왼쪽으로 꼬아 비일상적이며 거룩하고 신성한 의미를 상징하였다.

그림 4.4 금줄

① 아들

생솔가지(벽사를 위한 것), 숯(정화의 의미), 고추(불의 색, 귀신이 싫어하는 무서운 색)

② 딸

생솔가지(벽사를 위한 것), 숯(정화의 의미), 백지(신성)

4.1.4 산후

산전과 마찬가지로 산후에도 산모와 신생아를 위해서 금기사항을 만들어 놓았다. 즉, 산모가 건강 회복을 빠르게 하고 충분하고 질 좋은 모유를 얻기 위해서 매운 음식, 짠 음식, 단단하고 찬 음식 등을 섭취 하지 않았고, 초상집도 방문하지 않으며 금기사항을 지켰다.

(1) 삼일

우리나라에서는 삼이라는 숫자가 가장 작은 완전수로 여겨 산후 삼일 째가 되어서야 비로소 여러 가지 아이를 위한 행위를 진행하였다. 아이가 출생하면 즉시 따뜻한 물로 온 몸을 닦아주었고, 쌀깃에 싸서 눕히고 부정한 물건이 피부에 닿지 않게 유의하였다. 산모는 쑥물로 몸을 씻고 아기도 목욕을 시키는데 첫날은 위로부터 아래로, 그 다음날은 아래로부터 위로 씻기면 발육이 고르다고 믿었다. 삼일째 되는 날 새벽에 삼신[77]에게 밥을 지어드리고 산모의 무병과 아이의 장수를 비손했다. 비손이라 함은 손으로 빌면서 축사를 올리는 것이다.

(2) 삼칠일[78]

아기 태어난 후 한 이레(7일)에는 쌀깃(갓난아이의 배냇저고리 아래에 옷 대신 둘러싸는 헝겊 조각)을 벗기고 깃 없는 옷을 입히며 동여맸던 팔 하나를 풀어놓는다. 이때 미역국을 끓이고 밥을 하여 삼신상에 올려놓고 명 길고 복 있게 해달라고 치성을 드리고 이후 산모는 미역국에 쌀밥을 먹었다.

두 이레(14일)에는 깃 있는 옷에 두렁이(어린아이의 배와 아랫도리를 둘러주기 위하여 치마같이 만든 옷)를 입히고, 나머지 팔 하나를 마저 풀어놓는다. 한 이레처럼 새벽에 삼신에게 밥과 무역국을 올려 삼신상을 차린 후 산모가 먹는다. 지역에 따라 두 이레에 삼신상을 차리지 않는 곳도 있다.

세 이레(21일)에는 위아래 옷을 제대로 입히고, 산실을 개방하여 금줄을 거두고, 모든 금기를 해제한다. 이웃과 친척들은 출산을 축하하기 위하여 선물을 갖고 방문하며 아기 낳은 집에서는 미역국과 밥을 대접한다.

(3) 백일

삼칠일까지 모든 의식이 아이를 보호하고 산모의 건강회복을 위한 의례인데 백일은 아이만을 위한 첫 경축의례이다. 백일은 아이의 경축일로 삼신상을 차리고 아이를 위한 백일상을 차렸다. 떡은 백설기(장수, 신성), 수수팥떡(기복(祈福))을 준비한다. 백일떡을 받은 사람은 답례로 쌀, 실, 돈을 보내어 아이의 수복을 기원했다. 한편, 백은 성숙된 수, 완전 수의 의미를 지니고 있어 온전한 사람이 되었다는 의미를 지니고 있다.

(4) 돌

돌은 아이가 출생하여 1년이 되는 날로 각종 음식을 장만하여 돌상을 차리고 이웃사람과 친척을 초대한다. 이 날도 역시 삼신상을 차려놓고 삼신에게 아이의 장래를 위해서 빈다. 주로 떡과 과일로 돌상을 차린다. 떡은 백설기, 오색송편, 수수팥떡을 해서 이웃에게 돌리고, 이웃은 그릇 안에 돈과 실타래 등을 넣어 보냈다.[79] 이는 아이가 오래 살고 부자가 되라는 의미이다.

돌상에는 쌀, 돈, 활, 종이, 먹을 차려 놓고 돌잡이를 한다. 여아일때에는 바늘, 가위를 더 올려놓는다. 이때 아이에게 돌잡이를 시켜 그 중의 물건을 취함을 보고 장래를 점치기도 한다.

① 돈과 쌀 – 부자

② 실과 국수 – 장수

③ 책, 먹, 붓, 두루마리 – 학문에 힘써 과거에 등과하여 벼슬을 할 것

④ 활, 화살, 총, 장도 – 무관

⑤ 바늘, 가위, 자, 인두 – 바느질

그림 4.5 돌상

그림 4.6 돌잔치 풍속화

4.2 성년식

4.2.1 개념

성년식은 어린이로부터 어른의 세계로 이행 시 그 경계에 마련된 문화적 규범이다. 무책임과 무지의 어린이시대를 버리고 보다 높은 존재 양식으로 거듭나길 바라는 과정이다.

4.2.2 역사

삼한시대 마한에서는 소년들이 등에 상처를 내어 줄을 꿰고 통나무를 끌면서 집을 지었다는 성년식에 관한 기록이 있고, 신라시대 중국의 제도를 본받아 관복을 입었다는 기록이 있으나, 문헌상 확실히 나타난 것은 고려시대 광종 16년에 태자에게 원복(元服)을 입혔다는 데서 비롯되었다.[80] 고려시대부터 행해져온 성년식은 성년이 되는 것에 큰 의미를 부여했다.

이후 조선시대에는 유교사상을 바탕으로 예학을 중시여기면서 송나라 주자가 편찬한 『주자가례』로 관혼상제를 시행했다. 이때 남자는 20세에 관례를 행하며, 여자는 15세에 계례를 행하였지만, 대개 혼인을 하게 되면 나이가 되기 전에 관례와 계례를 거행하였는데 그에 따른 절차는 3종류의 모자를 씌워주는 삼가례를 거행하며, 이때 성인으로서 책임을 질 수 있도록 자(字)를 지어준다.[81]

이처럼 고려시대 말엽 전래된 『주자가례』를 중심으로 시행된 성년식은 18세기부터 잘 되지 않았다. 의례시 복식과 연찬 비용의 문제와 개화사상의 영향으로 그 의미가 점차 퇴색되어 갔다. 하지만 가장 중요한 것은 양반을 중심으로 한 의례였기 때문에 일반 서민의 생활에 깊숙이 파고들지 못했고, 관례가 독립적인 의미를 지니기보다는 혼례 전 상투를 틀거나 쪽을 찌는 등 혼례에 포함된 형식으로 바뀌면서 사라지게 되었다. 여기에 1894년 갑오개혁이후 단발령에 의해 상투를 자르게 되면서 의례로서의 의미가 없어지게 되었다. 이후 1973년 3월 30일에 법정기념일로 '성년의 날'을 제정하여 국가적 관례로서 다시 부흥시켰다. 1984년에 5월 셋째 월요일로 기념 일자를 변경하여 다양한 기관에서 현대적 성년례로서 만 20세가 되는 젊은

그림 4.7 성년식

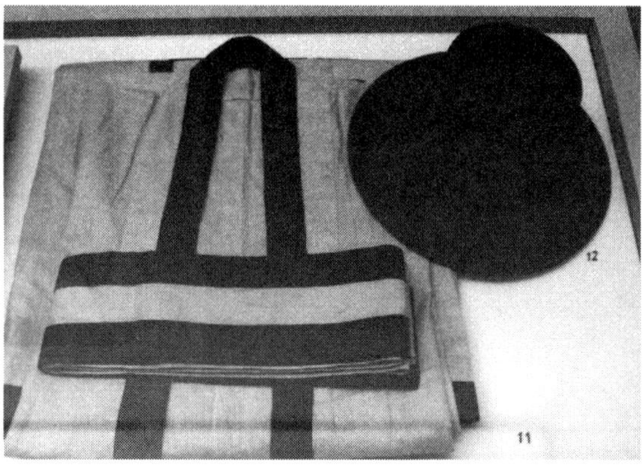

그림 4.8 심의와 흑립

이에게 성년으로 자부심과 책임감을 일깨워 주고 성인으로서의 자각과 긍지를 심어지기 위하여 성년의 날 행사를 진행하고 있다.[82]

4.2.3 풍습

성년식은 미성년에서 성년으로 진화하는 과정이다. 보통 20세 전후되는 해 정월에 날을 정해 본받을 만한 어른을 빈(賓, 주례자)으로 모시고 다음과 같이 행한다. 『주자가례』의 기록에 따르면 관례가 예정된 날짜보다 3일 전에 사당에 고하고, 친구 중에서 예(禮)를 잘 아는 사람을 빈(賓)으로 청하여 관례 전날부터 유숙시켰다.

(1) 남자

① 시가(始加)

관례자가 머리를 올려 상투를 틀고[83] 쪽을 찌고, 머리에 망건 관을 씌우며, 성인의 평상복인 심의(深衣)를 입혀 어린 마음을 버리고 어른스러워 질 것을 당부하는 축사를 한다.

② 재가(再加)

관례자가 정한 자리에 나오면 빈객이 축사를 읽고 시가(始加)에서 쓴 관건(冠巾)을 벗기어 사모(紗帽)를 씌우고, 심의 대신 성인의 출입복인 조삼(皁衫)에 가죽띠를 매고 계혜(繫鞋)를 신는다. 이때 모든 언동을 어른답게 할 것을 당부하는 축사를 한다.

③ 삼가(三加)

관례자가 정한 자리에 나오면 빈객이 축사를 읽고 빈객이 사모를 벗기고 복두(幅頭)를 씌우며 난삼에 대를 두르고 화(靴)를 신고 나온다. 이때에도 어른으로서의 책무를 다할 것을 당부하는 축사를 한다.

이후 술을 내려 천지신명께 어른으로서의 서약을 하게 하고 술을 마시는 예절을 가르치는 초례(醮禮)를 올린다. 자(字)를 수여하고 사당에 고한 뒤에 참석자들에게 절을 한다.[84]

하지만 이상과 같은 관례는 의식이 복잡하여 조선시대 말기에는 복잡한 절차를 밟지 않고 약식으로 행하는 경우도 있었다.

(2) 여자

여자의 관례는 계례(笄禮)라 한다. 계례는 보통 15~16세가 되면 머리를 올리고 비녀를 꽂는다. 계례는 혼인이 정해지면 진행하였으나, 15세가 지나도록 혼인을 하지 못할 경우에는 15세에 계례를 행하였다.

계례에는 어머니가 중심이 되어 친척 중에서 어질고 예법을 아는 부인을 빈으로 삼아 사흘 전에 청한다. 당일이 되면 날이 밝는 대로 의복을 준비하고 차례대로 서서 기다리고 있다가, 빈이 도착하면 주부가 나아가 맞아들인다. 빈이 계례자에게 비녀를 꽂아 주면 방으로 가서 배자를 입는다. 이어 간단한 예를 올리고, 빈이 계례자에게 당호를 지어준다.[85] 주인은 계례자를 데리고 사당에 가서 조상에게 고한 다음 손님을 대접하는 잔치를 베푼다.[86]

4.3 혼례

혼인(婚姻)은 남녀가 만나 부부가 되는 것으로 혼(婚)은 남자가 장가가고, 인(姻)은 여자가 시집간다는 뜻을 두고 있다. 남녀가 예를 갖추어 부부가 되어 평생을 함께 하며 살아가는 것이 일생의례 중 가장 중요한 절차이다.[87]

혼인은 예의 근원으로, 생성하고 융성하는 근본으로 여겨져 인륜지대사(人倫之

大事)로 인식되었다. 그래서 혼인할 두 사람이 하늘에서 정한 인연인지 여부를 알아보기 위해 궁합이나 금기를 통해 잘 살기를 열망했다. 또한 두 사람과 가문의 결합이기 때문에 개인의 사회적 지위와 인간관계의 변화를 가져다주었다. 즉, 가문 대 가문의 결합으로 혼반(婚班)을 형성하여 정치 · 사회적 이익 집단이 되기도 하였다.

4.3.1 혼례의 역사[88]

고대 혼인은 주로 생존형태의 사회구조와 연관이 있었다. 옥저에서 행해지던 매매혼(賣買婚)형태의 예부혼(預婦婚)은 여자가 10살이 되면 남자의 집으로 데려갔다가 혼인 연령이 되면 여자 집에 돌려보낸 후 남자가 돈을 주고 다시 데리고 오는 것이다. 옥저가 고구려에 처녀를 공물로 바쳤다는 기록으로 보아 여자 집에서 처녀를 공출 당하지 않으려고 남자 집에 어린여자를 미리 보내고, 남자 집에서는 노동력을 미리 차출하는 민며느리 형태가 함의되어 예부혼(預婦婚)이 형성되었을 것으로 보인다. 부여의 형사취수혼(兄死取嫂婚)은 공동생활에서 오는 소유개념과 초기농경사회의 여성노동력, 자녀에 대한 모성의 발로 등에서 기인하였다. 동예는 동성불혼(同姓不婚)을 통해 다른 집단과 혼인하여 연맹을 맺었고, 이는 완전한 예제가 확립되기 이전의 생존 수단이라 볼 수 있다.

이후 삼국시대 고구려에는 남자가 여자 집으로 장가가는 서유부가혼(壻留婦家婚)형태가 있었다. 또한 당시 처를 구하는데 재물이 필요했기 때문에 상대적으로 그러지 못한 남자는 배우자를 구하는 문제가 있어 약탈혼도 성행하였다. 백제는 다처사회(多妻社會)였으며 간통한 여자는 남자 집의 계집종으로 삼았으며 처의 서열과 그 소생에게 차별이 없었다. 신라도 다처사회(多妻社會)로 처첩의 차별이 없었다. 혼인 할 때 손님에게 빈부에 관계없이 접대하여 두 남녀가 혼인하였음을 주변에 알리고, 혼인한 날 저녁에 먼저 시부모에게 절하고 혼인의 예를 갖추었다.

고려시대 전기에는 왕실을 제외한 일반인들은 일부일처제(一夫一妻制)를 시행하고 있었다. 혼인하면 남자는 여자 집으로 가서 살다가 아이가 장성하면 일가를 이루어 본가로 가거나 벼슬에 나가면 여자의 집을 떠났다. 이를 남귀여가혼(男歸女家婚) 혹은 서유부가혼(壻留婦家婚)이라 하고, 여자의 부모가 사위를 거느린다 하여 솔서제(率壻制)라 하였다. 한편 고려시대 후기에는 충렬왕 때부터 원에서 사신으로 와서 귀화한 자들의 취첩이 성행하였고, 박유의 처첩제 도입으로 일부일처제가 무너졌던 것으로 보인다.

조선시대에는 『국조오례의』에 『주자가례』가 반영되면서 친영제(親迎制)[89]가 도입되었다. 그러나 친영제가 정착하지 못한 배경에는 남자가 여자 집에 장가가는 처가살이가 관행으로 굳어진 점도 있지만 중기까지의 상속제도와 봉사제도에 기인하였다고 보여진다. 중기에는 친영제의 변형인 반친영제가 시행되기 시작하여 조선시대 말기에는 반친영제[90] 혼인형태가 일반화되었다.

표 4.1 시대별 혼인 형태

혼인형태	시대 구분	내용
형사취수혼	부여	• 남녀 간에 음란한 일을 하면 모두 죽이고 질투하는 여자는 시체를 산위에 갖다버린다. • 형이 죽으면 형수를 아내로 맞이한다.
예부혼	옥저	• 여자가 10세가 되면 혼인을 허락한다. • 사위 되는 집에서 맞이하여 다 자라면 여자 집으로 돌아간다. • 여자 집에 전폐를 주고 아내로 삼는다.
동성불혼	예	• 같은 성씨끼리는 혼인하지 않는다.
일부다처제	백제	• 간통한 여자는 남자 집의 계집종으로 삼는다.
형사취수혼 서유부가혼	고구려	• 남여가 사랑하면 곧 혼인한다. • 혼인하면 여가에서 살다가 아이를 낳아 장성하면 남자 집으로 가거나 여가 근처에서 산다.
일부다처제	신라	• 술과 음식으로 대접한다. • 혼인날 저녁에 신부는 먼저 시부모에게 절하고, 대형과 신랑에게 절한다
솔서제 · 서유부가혼	고려	• 고려의 혼인 풍속은 처가살이
다처사회	고려 공양왕	• 남편 사후에 개가한 자는 봉작을 회수하고, 30세 전에 과부되어 60세까지 수절한 자는 절문을 세우고 면세한다.
솔서제 · 서유부가혼	조선 초기	• 왕실 : 『국조오례의』 제정 • 민간 : 『주자가례』 채택
반친영제 친영제	조선 숙종 ~ 영조	• 사족가에서 저녁 무렵에 『가례』대로 행하는 것을 진친영제, 저녁에 여가에서 교배합근하고 그 다음날 시가에서 현구고는 반친영제이다.

4.3.2 혼례의 절차

중국에서는 주나라 이후 납채(納采), 문명(問名)[91], 납길(納吉), 납징(納徵), 청기(請期), 친영(親迎)의 육례(六禮) 절차를 밟았다. 송나라의 주자는 『가례』에서 육례를 의혼(議婚), 납채(納采), 납폐(納幣), 친영(親迎)의 사례(四禮)로 간소화하였다.

우리나라에서는 고려시대에 『가례』를 받아들인 후 혼례를 비롯한 관례, 상례, 제례에서 이에 따랐다. 그러나 『가례』는 우리의 실정에 맞지 않은 것이 많아서 이를 우리 실정에 맞게 고쳐 적은 예서들이 나왔다. 그 중 조선시대 헌종 10년(1844년)에 간행된 이재의 『사례편람』에서는 혼인례를 의혼(議婚), 납채(納采), 납폐(納幣), 친영(親迎)의 사례로 규정하였다.

여기에서는 혼인하는 것을 육례(六禮)로 보고, 1) 의혼(議婚, 2) 납채(納采), 3) 연길(涓吉), 4) 납폐(納幣), 5) 대례(大禮), 6) 우귀(于歸)로 정리하였다.[92]

(1) 의혼(議婚)

중매인에게 혼처를 부탁하고, 양가에서 서로 부모의 성명, 가정의 품의(品儀), 생년월일, 처가의 가품(家品) 등을 문의한다. 남성의 경우 가문의 인품, 행실, 인물, 건강성에 대하여 여성은 길쌈, 바느질, 시부모 공경에 대하여 살펴본다.

(2) 납채(納采)

양가에서 혼인하기로 합의가 된 뒤에는 정혼(定婚, 약혼(約婚))을 하는데, 남자 측의 어른(아버지)이 여자 측의 어른에게 혼인하기를 청하는 청혼서(請婚書)와 신랑 될 사람의 생년월일시를 적은 사주(四柱)단자를 여자 측에 보낸다. 이때 청색과 홍색의 옷감을 보내는데, 납채한다는 취지의 서신인 납채서(納采書)를 함께 보내기도 한다. 납채는 정혼의 절차이므로, 양가의 가족이 모인 자리에서 주고받기도 한다.

네 기둥이란 뜻의 사주(四柱)는 ① 연주(年柱), ② 월주(月柱), ③ 일주(日柱), ④ 시주(時柱)를 말한다. 이를 식물과 사람에 비유하면, ①은 뿌리, 조상, ②는 싹, 부모, ③은 꽃, 나, ④는 열매, 자녀에 해당한다. 사주를 육십갑자로 적으면 각각 두 자씩 8자가 되므로, 사주팔자(四柱八字)라 하기도 한다.

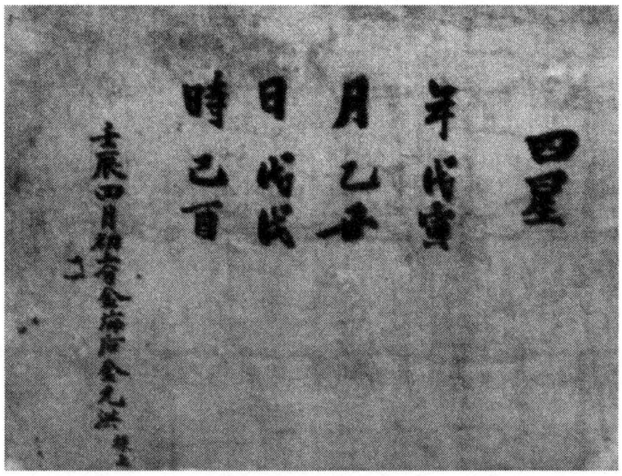

그림 4.9 사주단자

남자와 여자의 사주를 가지고 궁합을 보기도 했다. 궁합은 남녀의 사주를 오행으로 풀어 상극(相剋), 상생(相生), 상비(相比)를 따져 말하는 것이다. 그러므로 궁합은 두 사람의 사주팔자를 모두 알아야만 제대로 볼 수 있다고 한다.

(3) 연길(涓吉)

여자 측에서 혼인 날짜를 정하여 남자 측에 알리는 절차로 택일(擇日), 납길(納吉), 날받이라고도 한다. 여자 측에서는 남자 측으로 연길 단자를 보내어 택일 결과를 알린다. 이처럼 혼인 날짜를 정하는 택일은 혼인 준비의 복잡성과 생리현상 때문에 여자 측에서 정한다. 보통 시기를 양가에서 합의한 뒤에 여자 측에서 택일한다.

(4) 납폐(納幣)[93]

혼인 날짜를 정하면 남자 집에서 여자 집으로 납폐를 보낸다. 납폐는 혼인이 성립된 데 대한 감사의 표시로 예물을 보내는 예이다. 삼국시대에는 자신이 소중히 여기는 물품을 가지고 혼인을 약속하는 풍습이 있었는데 납폐는 이 풍습의 변형이라 할 수 있다. 납폐는 돈, 이부자리, 솜 등을 보내는데 보통 신부의 혼례복을 만들 청색과 홍색의 비단을 보낸다. 청색은 음을, 홍색은 양을 상징하여 음양법에 의해 포장한다. 여기에 포장은 청단을 홍색종이로, 홍단을 청색종이로 싸서 청 · 홍실

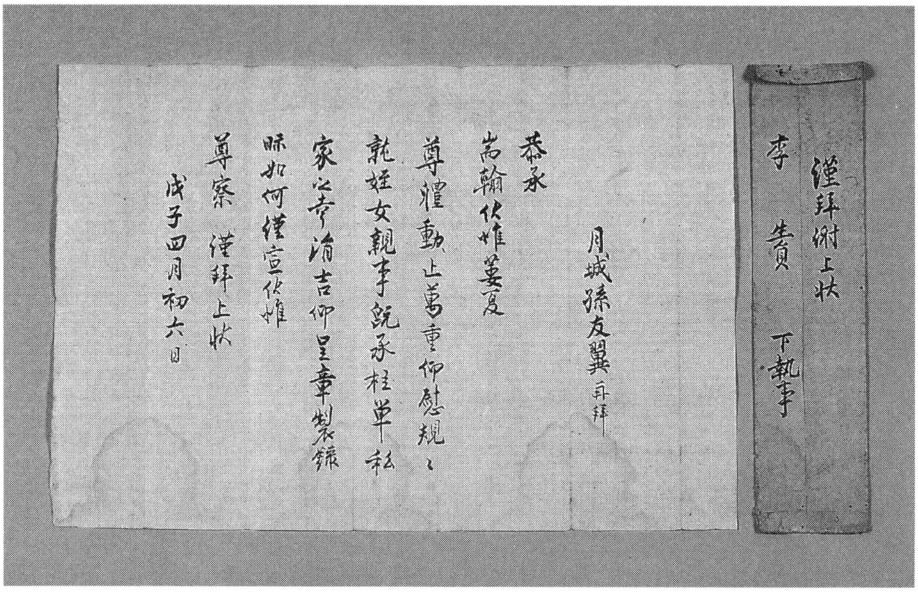
謹拜謝上狀
李 生員 下執事

月城孫友翼 再拜
恭承
尙翰伏惟姿度
尊體動止萬重仰慰規規
就姪女親事旣承柱單私
家之幸涓吉仰呈幸製錄
照如何謹宣伏惟
尊察 謹拜上狀
戊子四月初六日

그림 4.10 연길

나비매듭으로 포장한다. 납폐함 안에는 흰 종이를 깔고 장수의 뜻을 갖고 있는 청실·홍실을 깔고 그 위에 종이를 덮고 납폐의 종류와 수량을 적은 몰목기(物目記)와 납폐서(納幣書)를 넣는다. 납폐 의식은 다음과 같다.

① 신랑 친척 중 집사(執事)는 납폐서를 들고, 다른 이는 함부(函夫)가 되어 함을 맨다.[94]

② 신랑 측 어른에게 의식 교훈을 받고 절하고 떠난다.

③ 신부 측 집사가 대문을 열고 동쪽에서 기다린다. 이후 집으로 들어가 신랑 측 집사가 서쪽에서 동쪽의 신부 측 집사에게 납폐서를 전달한다.[95]

④ 신부 측 집사가 함을 열고 납폐서를 신부 측 어른에게 올린다.

⑤ 신부 측 어른이 납폐서를 읽고 집사를 주면 다시 싸고 신부측 어른이 "와서 와라", "수고했다.", "납폐를 받겠다."라고 한다.

⑥ 두 집안 집사가 협력해 봉채 떡시루위에 함을 올려놓고 신부 측 어른이 절을 두 번한다.

⑦ 신부 측에서는 함부와 집사를 대접하고 이후 함을 사당으로 옮겨 조상에게 아뢴 후 안방으로 옮겨 어머니가 함을 열고 청단·홍단을 꺼내고 신랑 측 함부와 집

그림 4.11 기러기

사에게 사례한다.[96]

(5) 대례(大禮)

혼인 예식은 대개 신랑이 신부집에 가서 하였으므로, 장가간다고 하였다. 대례는 집례(사회자)가 홀기(笏記, 의식의 순서)를 읽는 대로 진행한다.

① 전안례(奠雁禮)

신랑이 신부의 집에 가서 신부의 주혼자에게 기러기를 드리는 예식이다. 목안(기러기)을 들고 온 사람이 신랑에게 목안을 주면 신랑은 공손히 이를 받아든다. 이후 신랑은 교배상 옆에 따로 마련한 전안상 앞에 무릎을 꿇고 북쪽을 향하여 앉아 상 위에 청홍 보자기로 싼 목안을 올려 놓고 재배하고 나면 신부의 어머니가 이를 치마폭에 싸 가지고 신부 앞에 가볍게 던진다. 이 때, 목안이 바로 서면 첫 아들을 낳고, 누우면 첫 딸을 낳는다고 한다. 이것을 소례(小禮)라고도 하는데, 이것으로 부부의 맹세가 끝나는 것이다. 기러기는 새끼를 많이 낳고, 차례를 잘 지키며, 한 번 짝을 정하면 그 짝을 잃더라도 다시 짝을 구하지 않고 혼자 살다가 죽는 속성을 지닌 새이기 때문에 기러기처럼 살 것을 다짐하는 의미이다.

② 교배례(交拜禮)

교배례는 신랑, 신부가 맞절을 하는 절차이다. 교배상 앞으로 나온 신랑 신부는 집례의 말에 따라 교배상을 동서로 마주 서서 각각 준비된 대야의 물에 손을 씻은 다음, 신부가 재배하면 신랑이 답으로 한 번 절하는 것을 두 번 되풀이한다. 신부가 두 번 절하면, 신랑이 한 번 절하는 것은 음양으로 보아 여성은 음이므로 음의 수인 짝수로 절하고, 남성은 양이므로 양의 수인 홀수로 절하는 것이다.

교배상에는 지방에 따라 다르나 대개 촛대, 소나무 · 대나무 · 사철나무를 꽂은 화병, 밤, 대추, 쌀, 보자기에 싼 암탉 · 수탉[97] 등을 올려놓는다. 교배상 위에 올려놓았던 닭은 대례가 끝나고 나면 날려보낸다.

③ 합근례(合巹禮)

교배례를 마친 신랑, 신부가 그 자리에 무릎을 꿇고 앉으면, 신랑, 신부의 옆에서 도와주는 사람(侍者)은 각각 교배상의 술잔과 과일 접시를 작은 상으로 내려 놓은 다음, 술잔에 술을 채운다. 신랑, 신부는 이 잔을 빈 그릇에 세 번에 나누어 따르고, 과일 안주를 집어 상 위에 놓는다. 이것은 천지신명에 드리는 것이라 하겠다. 시자가 다시 빈 잔에 술을 채우면 신랑과 신부는 그 잔을 각각 다른 시자에게 준다. 그 잔을 신랑측 시자는 신부에게, 신부측 시자는 신랑에게 가져다준다. 신랑이 함께 들자는 뜻으로 신부를 향하여 읍하고, 잔을 들어 마시면 신부도 따라 마신다. 셋째 잔은 표주박잔을 사용한다. 양측의 시자가 준비된 표주박잔에 술을 따르면, 신랑과 신부는 각각 자기 잔에 손을 대었다가 시자에게 준다. 그러면 그 잔을 둘째 잔과 마찬가지로 신랑측 시자는 신부에게, 신부측 시자는 신랑에게 준다. 신랑이 신부를 향하여 읍하고 표주박 잔을 들어 마시면, 신부도 따라 마신다. 이것은 지방에 따라 조금씩 다르다. 이것이 합근례인데, 이로써 혼인례는 모두 끝난다.

합근례에서 쓰는 표주박잔은 한 쌍으로, 조롱박이나 동근 박을 반으로 쪼개서 만든 것이다. 박은 다산(多産)의 식물로 대지의 생산력(生産力)을 상징하며, 새의 알과 함께 생명의 근원으로 여겨 신성시 하였다. 이는 신라의 시조 박혁거세가 알에서 나왔다 하여 박과 음이 같은 박(朴)을 성으로 한 것으로 그만큼 박의 중요성을 이야기하는 부분이다. 또한, 하나의 박을 쪼개서 만든 한 쌍의 표주박 잔은 그 짝이

하나 밖에 없는 것으로, 이 세상에서 다시 짝을 구할 수 없는 것이다. 그러므로 세상에서 하나 밖에 없는 배우자를 아끼고 사랑하며 살라는 뜻이 담겨있다.

신랑, 신부가 마시는 술은 민간신앙에서 정화수와 같은 의미를 갖는다. 물은 생명의 근원이 되고, 파괴와 정화의 큰 힘을 지니고 있으므로 신성시된다.

교배례와 합근례를 합하여 초례(醮禮)라고도 한다. 초례가 끝나면 신랑 신부는 각각의 처소로 들어가 신랑은 신부집에서 마련해 준 옷으로 갈아입고, 신부는 신랑집에서 마련해 준 옷으로 갈아입는데, 이 옷을 관디벗김이라 한다.

초례를 마친 신랑, 신부는 한 방에서 몸을 합치는 합궁례(合宮禮)를 치르게 되는데 이를 신방(新房) 또는 첫날밤이라고 한다. 신랑, 신부는 합궁례를 치름으로써 비로소 부부가 된다. 이것은 신부를 사모하는 남자 또는 사귀(邪鬼)의 해를 입지 않도록 지킨다는 의미를 지니고 있다. 이튿날 신부는 죽과 떡국을 신랑에게 대접한다. 식사 후 동상례(東床禮)라 하여 신부집에서 신랑 다루기를 행한다.[98]

(6) 우귀(于歸)

중국에서는 신랑의 집에서 혼인예식을 치르기 때문에 중국에는 없는 우리만의 의례이다. 우귀는 신부가 신랑을 따라 시댁으로 가서 며느리로서 치르는 절차이다. 신부가 대례를 지낸 그날로 가는 경우도 있고, 사흘동안 신부집에서 신방을 치르고 가는 경우도 있었는데, 앞의 것을 당일 우귀(當日于歸)라 하고, 뒤의 것을 삼일 우귀(三日于歸)라 한다. 지방에 따라서 1주일 우귀, 1개월 우귀, 3개월 우귀, 1년 우귀, 3년 우귀가 있었으나, 삼일 우귀가 가장 많았다. 시댁으로 간 신부는 준비해 간 폐백(幣帛)을 드리고, 새며느리로서 처음 시부모님을 뵙는 현구고례(見舅姑禮)를 드린 다음, 시부모 외의 다른 가족, 친족과 상면하는 절차를 가졌다. 사당을 모신 집에서는 사당 참례를 하기도 한다. 요즈음에는 혼인 예식을 마친 신랑, 신부가 예식장에서 폐백을 드리고, 신혼여행을 떠나는 경우가 많다.

폐백(幣帛)은 새며느리가 시부모를 처음 뵙는 현구고례 때 올리는 예물을 뜻하는 말인데, 요즈음에는 현구고례를 폐백이라고 하기도 한다. 신부는 준비해 간 대추 · 밤 · 안주를 상 위에 올려놓고, 시부모가 상 앞에 남향하여 나란히 앉으면, 술을 따라 올린 뒤에 큰 절을 한다. 절은 신부만 하는 지방이 있는가 하면, 사배(四拜)

하는 지방도 있다. 새 며느리한테 절을 받은 시부모는 치마에 대추를 던져 주면서 부귀다남(富貴多男)하라고 당부한다. 시조부모가 계신 경우, 시조부모께 먼저 절을 올리기도 하고, 혼주(婚主)인 시부모께 먼저 절한 뒤에 시조부모께 절하기도 한다. 시부모께 절한 뒤에는 위 세대 어른께 큰절을 한다. 같은 세대의 아랫사람에게는 평절로 맞절을 한다.

폐백으로 드리는 대추는 붉은 색으로 동쪽, 자손 창성의 뜻을 지닌다. 밤은 서(西)와 나무(木)가 합해진 글자이고, 서쪽 · 어두움 · 두려움을 뜻한다. 따라서 새 며느리가 현구고례에서 대추와 밤을 드리는 것은 아침 일찍부터 두려운 마음으로 공경하겠다는 다짐을 나타낸 것이다.[99]

4.4 상례

인간은 유한한 존재이기에 죽음은 불가피하며, 누구도 대신할 수 없는 지극히 개인적인 현상으로 한번 죽으면 다시 살아올 수 없다. 그래서 인간은 죽는 당사자의 공포나 슬픔을 위로하는 동시에 산자가 느끼는 슬픔을 극복하기 위하여 예(禮) 의식을 행한다.

우리나라는 일찍부터 중국의 영향으로 유교적 생활풍습인 관혼상제(冠婚喪祭)의 통과의례를 다양한 예법(禮法)으로 정성껏 행하였다. 그 중 상례(喪禮)는 죽은 자를 위한 예이며 본인뿐만 아니라 자손대대로 복을 가져다주는 효의 기본이라 여겼다.

4.4.1 역사

선사시대 굴장(屈葬), 이중장(二重葬), 석곽묘(石槨墓), 석관묘(石棺墓), 옹관묘(甕棺墓) 등의 묘제(墓制)의 특징은 동침신전앙와장(東枕伸展仰臥葬)으로 시신의 머리를 동쪽에 두고 서쪽에는 발을 두었다. 이는 죽음에 대한 영생불사(永生不死)의 염원을 담아 이승과 저승에 대한 관념을 표출한 것이다.

부여의 기록에 따르면 "사자(死者)는 생자(生者)와함께 묻으며, 곽을 사용하고 관을 사용하지 않는다. 남녀 모두 흰색을 입고 부인은 포면의(布面衣)를 입고 패옥을 착용하지 않는다."[100]라고 하였다. 이미 거상(居喪)의 풍습이 원삼국시대부터 시작하였음을 알 수 대목이다.

이후 삼국시대 유교식 상례문화를 중국으로부터 수용하면서 일정한 상례풍습을 유지했다. 고구려에서는 "사자의 관을 삼년동안 실내에 안치하고 길일을 택해 상례를 치른다. 초종(初終)에 곡읍(哭泣)을 하다가 상례에는 고무(鼓舞)와 음악을 연주하고 망자를 보내는 매장을 마친다. 사자의 옷과 노리개를 수레와 말에 취하여 묘 곁에 두면 상례에 모인 사람들이 가져갔다."[101]라고 기록되어 있다. 백제에서는 "부모와 남편이 죽으면 삼년 동안 상복을 입고 나머지 친족들은 상례가 끝나면 복(服)을 벗는다."[102]라고 기록되어 있으며, 신라에서는 "사람이 죽으면 염습을 해서 관에 넣어 장사를 지내고 봉분을 만든다. 왕과 부모, 처자의 상에는 1년간 복을 입는다."[103]라고 기록되어 있다.

한편, 불교의 수용과 더불어 통일신라시대에서는 화장(火葬)이 오랜 기간 지속되었고,[104] 화장은 고려시대를 거쳐 조선시대 초기까지 이어져 전통적인 장법(葬法)으로 자리를 잡았다.

다만 고려시대 지배층은 정치권력의 권위와 명분을 내세우기 위해 유교적 통치이념을 바탕으로 공후(公侯)이하는 사망 후 3일에 상례를 지내고, 13월에 소상(小祥), 25월에 대상(大祥), 27월에 담제를[105] 지내도록 하였다.[106] 이처럼 고려시대만 하더라도 유교와 불교식 상례문화가 공존하고 있었음을 알 수 있다.

조선시대에는 성리학을 바탕으로 한 새로운 사회질서를 확립하기 위해 『주자가례』를 실천 윤리로 삼았고, 예학에 관한 연구와 논의가 활발하게 진행됐다.

결국, 시신의 화장(火葬)은 매장(埋葬)으로, 형식적이고 법제적인 오복제(五服制)는 실제 준행할 수 있는 오복제로, 불사에서 불교 의식으로 진행한 상제례(喪祭禮)는 가묘(家廟)에서 진행하도록 부단히 노력하였다.

또한, 『상례비요』, 『상례고증』, 『초종례요람』, 『상변통고』 등의 예서를 편찬하면서 유교식 상례를 보다 완벽하게 실천하기 위해 의례 절목을 구비한다. 예학 전통의 심화는 유교식 상례문화의 자생적 번성의 기틀을 마련하였다.

이러한 예학을 기반으로 더욱 세분화된 상례문화는 18세기 실학자들이 『주자가례』 혹은 그에 기반을 둔 성리학자들의 예설을 비판하면서 개정의 대상이 된다.

특히, 실학자 이익은『전후상위일록』,『예설류편』,『가례질서』 등의 저술을 통해 당시의 사례(四禮)는 번문욕례(繁文縟禮)에 빠져 생활의 발전을 저해하고, 허례허식(虛禮虛飾)에 치우쳐 경제적 파탄을 가져와 생활기반을 흔든다고 지적하고 있다. 학문적으로는 고식적 사설(師說)을 집수(執守)하여 시의에 맞는 의례를 모색하지 못한다고 하였으며, 내용면으로도 검소한 의례를 거행해야 하며, 복제의 재해석과 실천 방식의 재정립, 상례절차의 간소화 등이 필요하다고 주장하였다.

예의 본질을 흐리지 않는 범위 내에서 상례의 간소화 요구는 일제강점기라는 특수한 상황과 맞물려 많은 변화를 겪는다. 일제 강점기 화장장과 공동묘지가 도입되면서 상례 기간과 절차가 축소됐으며 죽은 자를 향한 효와 슬픔의 극복이라는 본질은 점차 퇴색됐다. 결국 광복과 현대화 과정을 겪으면서 상례는 허례허식의 표본으로 인식됐다.

현재 우리나라에서는 유교식 상례에 불교와 기독교의식이 병행되어 있다. 지난 2000년간 이어온 우리의 상례문화는 우리네 사회질서이며, 효의 근본이다.

4.4.2 절차

우리나라 상례(喪禮)의 절차는 다음과 같다. 임종(臨終), 속광(屬纊), 수시(收屍), 고복(皐復), 발상(發喪), 부고(訃告), 염습(殮襲), 문상(問喪), 발인(發靷), 노제(路祭), 하관(下棺), 반곡(反哭), 우제(虞祭), 소상(小祥), 대상(大祥), 길제(吉祭) 등으로 이어진다.[107]

① 임종(臨終)[108]

망자(亡者)가 돌아가시기 전에 동쪽으로 머리를 향하게 하고 손발을 주무르며 숨이 끊어지는 것을 지켜보는 것을 임종이라고 한다.

② 속광(屬纊)

손과 발을 잡고 마지막 숨을 거두는 것을 알기위해 햇솜을 망자의 인중에 대놓고 죽음을 확인하는 것으로 조용하고 경건하게 진행한다.

③ 수시(收屍)

망자의 시체가 경직 되기 전 펴서 반듯하게 눕혀 놓고 묶는 것이다. 문을 닫고 바닥에 짚을 깔고 어깨와 팔, 다리를 묶고 입, 코, 귀를 막는다. 이후 홑이불로 시체를 덮고 병풍으로 가린 다음 문 앞에 사잣밥[109]을 차려 놓는다.

④ 고복(皐復)

망자를 칠성판(七星板)[110]에 눕혀놓고 지붕위로 올라가 혼을 부르는데 망자의 성별에 따라 같은 성이 올라간다. 지붕의 동쪽 끝부터 중앙으로 올라가 왼손으로 옷깃을 잡고 오른손으로 옷허리를 잡고 북쪽을 향해 흔들면서 큰 소리로 망자의 이름과 주소 혹은 관직명을 외치면 "복 · 복 · 복"을 부르며 다시 내려와 옷으로 시신을 덮는다. 망자가 되살아나라는 재생의 뜻과 상례기간동안 집에 머무르라는 뜻을 담고 있다.

⑤ 발상(發喪), 부고(訃告)

고복 후 남자는 머리를 풀고 심의(深衣)를 입고 섶을 여미지 않으며 여자는 나무비녀를 꽂고 흰옷으로 갈아입고 맨발로 신을 신지 않는다. 이때 역복불식(易服不食)이라 하여 복(服)을 입고 음식을 먹지 않는다. 발상(發喪)임을 알리기 위해 상주(喪主 ; 맏아들, 맏손자), 주부(主婦 ; 아내, 맏며느리), 호상(護喪 ; 상례를 주관하는 담당자), 사서(司書 ; 모든 문서를 관리하는 담당자), 사화(司貨 ; 물품, 출납관리 담당자) 등을 세운다. 이후 부고를 띄우는데 부고는 호상의 이름으로 망자의 죽음을 알리는 장치로서 전인부고(專人訃告)를 행한다.

⑥ 염습(殮襲)

습은 시신을 목욕시켜 드리는 것으로 향수(향나무 끓인 물, 향료, 방부제 섞은 물, 쌀뜬 물)로 머리부터 감기고 솜으로 시신을 닦는다.[111] 이때 머리카락과 조금씩 깎아낸 손톱 · 발톱은 준비한 조발낭(爪髮囊)에 담아 시신과 함께 넣어주는데 이는 저승에서 염라대왕에게 바치기 위함이다. 목욕 후 수의를 입혀 드리고 반함(飯含)[112]을 진행한다. 이후 충이(充耳), 악수(握手), 멱목(幎目)이라 하여 얼굴 전체를 덮는다. 겉옷을 입히고 대대(大帶)로 몸을 일곱 마디로 묶는데 이는 북두칠성의 칠을 의미하여 길(吉)한 징조를 뜻한다. 습을 마치고 전(奠)을 올려 정해진 자리에서 부복(俯伏)하고 명정(銘旌)을 세운다.

염은 '거둔다', '감춘다'라는 뜻으로 소렴과 대렴으로 나뉜다. 소렴은 시신을 옷,

그림 4.12 상주 모습

홑이불, 교포(絞布) 등으로 묶고 전(奠)을 올리고 곡을 하는 것으로 둘째 날 행한다. 대렴은 베로 된 천을 관 바닥에 깔고 그 위에 칠성판을 놓고 시신을 눕힌 후 다시 베천을 덮고 관의 뚜껑을 닫아 봉하는 것으로 셋째 날 행한다.

염습을 하고 입관을 하면 집안의 공터에 임시로 묘를 쓰는데 이때 이불로 덮고 이엉을 얹어 놓는다.

⑦ 문상(問喪)

넷째 날 상주의 상제가 성복이 끝나면 성복제(成服祭)라 하여 관 앞에 병풍을 치고 전(奠)을 올리고 문상을 받는다. 이때 묘터도 잡고 묘역을 조성하며 상여, 명기, 신주를 제작한다.

⑧ 발인(發靷)

가묘를 헐어 관을 꺼내 사당에 고한 후 마당으로 나와 발인제를 지내고 상여에 얹어 장지로 이동한다. 관을 상여에 얹으면 출발 전 집에 두 번 절하고 상제들은 곡을 하며 두 번 맞절한다. 상여의 절은 조상과 집의 가솔에게 마지막 인사를 하는 의미이다.

⑨ 노제(路祭)

장지(葬地)에 반쯤 갔을 때 노제를 지낸다. 상여를 내려놓고 앞에 돗자리를 깔고

그림 4.13 산청전주최씨고령댁상여

뒤에는 병풍을 친 후 제물을 차려놓고 술잔을 올려 두 번 절하고 곡을 하는데 이때 망자의 우인(友人)이 많은 경우 노제를 여러 번 지내기도 한다. 이는 마지막 하직인사가 섭섭하기 때문에 행하는 제이다. 장지에 도착하면 상여를 내려놓고 영좌를 설치한다.

⑩ 하관(下棺)

산역꾼과 지관이 산신제(山神祭)와 개토제(開土祭)를 지내고 흙을 파면 상제가 베끈으로 관을 운반하여 하관한다. 하관시 곡은 하지 않고 복토와 봉분을 한 후 평토제(平土祭)를 지낸다.

⑪ 반곡(反哭)

상주는 요여에 혼백을 모시고 장지에서 집으로 돌아와 신주를 영좌에 모시고 반혼제를 지내며 상주이하 모두 곡을 한다.

⑫ 우제(虞祭)

시신을 매장한 후 혼이 방황하는 것을 염려하여 지내는 위령제로서 초우제(初虞祭), 재우제(再虞祭), 삼우제(三虞祭)로 지낸다. 초우는 상례 끝난 당일 날 지내는 것으로 반혼제와 같으나, 상제는 목욕을 할 수 있고 빗질은 하지 않는다. 재우는 초

그림 4.14 요여

우 후 처음 맞는 유일(柔日)[113]에 지내고 삼우는 재우 후 강일(剛日)[114]에 지낸다. 삼우제 후 상주는 장지에 봉분한 묘를 살피고 묘역을 정리한다.

⑬ 졸곡(卒哭), 부제(副祭)

삼우제를 지내고 3개월 이후 졸곡제를 지낸다. 졸곡 후에는 슬프면 무시로 곡하던 것을 애지즉곡(哀至則哭)이라 하여 조석에만 곡을 하고 빈소에서는 하지 않는다. 부제는 졸곡제 다음 날 동이 트면 망자의 4대 조고비(祖考妣) 신위(神位) 곁에 망자 신위를 좌정하고 지내는 제사이다.

⑭ 소상(小祥)

소상은 운명한 후 13개월 되는 기일에 지내는 제이다. 소상제일(小喪祭日) 며칠 전부터 상제들은 진혼곡을 하며 소상전일은 조문을 맞이하고 저녁에는 친척과 친지들이 제문(추도문)을 읽으며 제를 올린다. 당일 새벽에는 영좌에서 분향곡(焚香哭)을 한 후 밖으로 나와서 연복(練服)으로 강복(降服)하고 제사를 지낸다.

⑮ 대상(大祥)

대상제는 운명한 후 25개월 되는 기일에 지내는 제이다. 새벽에 영좌(靈座)에서 곡(哭)하고 나와 상복(喪服)을 벗고 백립(白笠)과 길복을 한다. 대상 전일 조문은 소상때와 같고 상복은 소각하고 영좌를 철거한다.

⑯ 담제(禫祭), 길제(吉祭)

담제는 운명한지 27개월 되는 달의 정혹해일(丁或亥日)에 신위를 정침에 모시고 지내는 제이다. 담제를 생략하고 바로 탈상하고 상기를 끝내는 경우도 있다. 길제는 담제 후 한 달 안에 정혹해일(丁或亥日)에 시제의(時祭儀)에 따라 정침에 지내는 것이다.

이처럼 상례를 치르면서 2년 동안 망자를 지성으로 모신다. 망자를 묻고 추모와 애도의 뜻으로 2년간 매일 상례가 이어지고 대상까지 끝내야 탈상을 한다. 만 2년 동안 상청에서 신주를 모셔놓고 조석곡을 하며 상을 차리는 것이 1,400여번이며, 48번은 삭망제를 지내고 설날, 대보름, 삼짇날, 단오, 유두, 칠석, 음력 9월 9일, 동지 등은 삭망제처럼 8번 차례를 지내야 한다. 온통 생업이나 사람을 위한 일은 하지 못한다.[115]

4.4.3 현대적 의미[116]

상례는 유교적 통과의례인 관혼상제의 예 중에서도 인간적인 정이 가장 큰 의례이다. 그것은 생자와 망자의 영원한 결별을 동반하는 슬픔의 마지막 의례이기 때문이다. 그리하여 상례는 자고로 효자의 성효의 의례로 인식되었고, 따라서 풍속을 교화하는 핵심적인 의례로써 중시되어 왔다.

그러나 이러한 전통 상례는 현대사회에 있어서는 그 형식이나 내용의 면에서 급격히 변화되어 있다. 그럼에도 불구하고 우리가 전통 상례를 주목하고 이로부터 현대적 의미를 찾으려고 하는 것은 위기의 상황 속에 인간성에 대한 새로운 접근을 위한 방안을 제시할 수 있기 때문이다.

전통 상례가 현대사회에 전해주는 의미는 다음과 같다.

첫째, 전통 상례는 우리의 비인간화의 측면을 반성케 하는 거울이다. 상례의 의미를 하나씩 검토해 보면 상례의 절차 하나 하나에는 참다운 인간적인 정과 그 슬픔의 정을 다 하면서도 생을 중시하는 불상생(不傷生)의 절제가 깃들어 있음을 알게 된다. 오늘날은 전통 상례에 담긴 그러한 돈독한 인정도, 그러한 합리적인 절제도 없다. 우리의 비인간화를 진정한 인간화로 변화시킬 수 있는 기저가 전통상례에서 찾아질 수 있다고 본다.

둘째, 전통 상례의 검토를 통하여 현대적 가치가 조화를 이루는 표장(表章)으로써 새로운 예제를 정비해야 한다는 점이다. 초종으로부터 시작하여 상기 · 상복의 문제, 치장의 문제 이후의 우제 · 상제 · 담제 · 길제의 문제에 이르기까지 옛 정신을 살리면서 현실 및 정서에 조화를 이루는 새로운 예제의 정비가 요청된다는 것이다. 그러나 그 시작은 역시 전통 상례에 대한 체계적이고 종합적인 이해에서 출발하여야 할 것이다. 또한 그것은 상례에 조예가 깊은 전문 학자들의 공동연구와 전통 상례가 존중되고 있는 문중들의 실제 경험, 그리고 국민들의 중론에 바탕한 것이라야 할 것이다.

셋째, 우리의 전통 상례가 지니고 있는 고도의 인정(人情)과 절제(節制)의 표장(表章)원리를 재구성하여 이것을 21세기적 상례문화로 세계화해 보자는 것이다.

우리의 전통 상례는 오늘날 인류의 극단적인 개인주의와 물질만능주의에 경종을 울리고, 인간적 가치를 회복케 하는데 하나의 지표가 될 수 있을 것으로 기대되기 때문이다. 그것은 또한 한국학의 세계화 작업의 일환일 수도 있다.

4.4.4 상여

(1) 상여의 역사

상여는 기원이나 발생에 대한 역사적 기록이 분명하지 않다. 다만 선사시대부터 매장풍습이 나타나면서 시신을 운반하는 간단한 들것형태의 도구가 있었음을 짐작할 뿐이다.

중국의 예서인 『예기』, 『가례』 등을 보면 구차(柩車), 상차(喪車), 대여(大輿), 소여(小輿), 유거(柳車) 등으로 시신을 운반한다고 설명하고 있다. 일례로, 『가례』에 의하면 "옛날의 유거를 만드는 제도가 아주 자세히 남아 있으나 지금은 쉽게 그와 같이 만들 수 없으니 단지 지금의 풍습에 따라 유거의 단단하고 편리한 점을 살린 대여를 사용해도 된다."고 하였다. 『가례』가 편찬된 12세기 전에 이미 시신을 운반하는 유거가 사용되었고, 이후 실용적인 대여가 널리 쓰였다는 것이다.[117] 이처럼 중국에서 오래전부터 시신을 운반하는 도구가 있었음을 알 수 있다.

우리나라에서는 『후한서』, 『수서』, 『삼국사기』 등의 역사서를 통해 삼국시대에 유교적인 상례문화인 염습과 복의 기간이 있었음을 알 수 있고, 장지까지 일정한 거리를 이동한다는 사실을 통해 시신을 운반하는 도구가 있었음 알 수 있다.

상여와 같은 도구의 기록은 고려시대 역사서를 통해 확인할 수 있다. 『고려사』기록을 보면 "명종13년 윤달 갑인일 순릉(純陵)에서 장사지낼 때 왕이 이거(轜車)를 인도하여 의창궁(義昌宮)에서 미륵사(彌勒寺)까지 걸어갔다. 그리고 장사를 지낸 후 상복을 벗었다."[118]라고 하였다. 고려시대 이거(轜車)라는 상여가 국상(國喪)에 쓰였음을 알 수 있는 대목이다.

상여의 구체적인 언급은 조선시대 『국조오례의』, 『상례비요』, 『간례휘찬』 등의 예서에서 찾을 수 있다. 『읍혈록』에서는 상여의 형태와 흡사한 방산(方山)과 견여(肩輿)에 대한 설명이 상세하게 나온다. 특히, 『사례편람』의 경우 "대여를 사용하면 정말로 좋으나 가난한 사람은 쉽게 구비할 수 없는 점이 있으니 일반적으로 사용하는 상여를 사용해도 무방하다."[119]라고 하였다. 이전부터 널리 민간에서 상여를 사용하였고 지배층에서는 큰 상여인 대여(大輿)를 사용한 것으로 보인다.

이와 같은 상여는 상례문화의 변화와 맞물려 점차 사라지게 되었고, 현재에는 영구차가 그 자리를 대신하고 있다.

상여는 이승에서 저승으로 가는 중간에 임시거처로서 당시 최고의 가옥형태를 띠고 있는데 이는 생의 마지막 순간을 호화롭게 보내라는 효의 상징이다. 상여의 장식은 길동무로서 단순한 장식이 아니라 민중의 소박한 염원과 사회상을 반영한 것이다. 방상시, 삽 등의 부속물을 동원하여 고인의 저승길을 안전하게 인도하며, 저승에서도 부귀영화를 누리길 바라는 내세관과 효심이 담겨 있다.

특이한 점은 지친 상주를 위로하기 위하여 출상 전 미리 상여꾼들이 빈상여로 상여놀이를 펼치는데 이는 우리의 정(情)에서 유래한 것이다. 상여가 나아가는 순서는 방상(方相), 명기(明器), 명정(銘旌), 요여(腰輿), 공포(功布), 상여(喪輿), 복인(服人), 빈객(賓客) 순이다.

(2) 상여의 구성

상여는 덮개, 앙장(仰帳), 몸틀의 개유(蓋帷)와 장강(長杠), 단강(短杠)의 하장

(下裝)으로 나눠지며 시대에 따라 다양한 장식물을 부착한다.

① 개유(蓋帷)와 하장(下裝)

첫 번째, 덮개(蓋)는 몸틀 위에 올려놓는 뚜껑으로 유개(油蓋), 보개(寶蓋), 내앙장(內仰帳), 별갑(鱉甲) 등으로 부른다. 연봉(連峰)[120]과 십자용(十字龍)의 조각을 꽂은 형태, 기와지붕 형태, 천으로 덮고 용마루를 얹은 형태가 있다.

두 번째, 앙장(仰帳)은 상여의 몸체를 가리는 차양으로 사각바탕에 흰색 천을 사용하며 앙장대는 장강틀에 X자로 묶거나 끼워 고정한다. 앙장대 끝부분의 네 귀에는 얇은 비단인 사(紗)로 겉을 하고 속은 초를 켜게 하는 자루형태의 사롱(紗籠)을 달아 상여의 길을 밝혀주는 상징적 역할을 한다.

세 번째, 몸틀은 장강 위에 직접 놓는 부분으로 관을 덮는 역할을 한다. 육송 각목으로 제작하며 장방형 틀의 하부구조 위에 기둥을 세우고 기둥의 상부에 다시 장방형의 틀을 짠 형태이다.[121] 기둥의 양쪽 끝은 촉으로 몸틀의 상부와 하부에 꽂게 되어 있다. 이렇게 마련된 몸틀의 위에는 덮개를 얹고 기둥 촉에는 봉두(鳳頭)를 꽂는다. 기본적인 몸틀이 완성되면 휘장을 둘러 안쪽을 보이지 않게 하며 그 외부는 수식(垂飾)을 단다.

네 번째, 운각(雲閣)은 장방형의 윗난간이다. 운각은 상하 2개의 판으로 구성하는데 윗판은 외반하고 아래판은 직립하여 경첩으로 연결한다. 운각은 단청으로 연화(蓮花), 구름, 신선, 학 등을 표현하며 몸틀과 고정할 수 있도록 병아리나사를 홈에 질러 넣는다.

다섯 번째, 난간(欄干)은 보통 계자각 난간(鷄子脚欄干)[122]으로 난간사이에는 궁판을 끼우고 궁판에는 풍혈(風穴), 용, 구름 등의 장식을 그려 넣는다. 난간의 맨 윗부분은 원형의 돌란대를 댄다.

여섯 번째, 장강(長杠), 단강(短杠), 횡강(橫杠) 등은 상여를 받치는 부재들이다. 장강은 상여의 밑바탕으로 2개의 긴원통나무이며 양쪽 끝은 단강의 가로대로 고정한다. 장강의 앞뒤를 고정하는 단강은 구멍을 내어 장강을 끼우는 장부이음방식의 부재(部材)이다. 횡강은 장강의 밑을 가로로 대는 나무이며 멜방망이 역할을 하거나 장강을 받쳐주는 받침목 역할을 한다.

그림 4.15 상여장식조각

그림 4.16 상여장식조각

② 상여장식

첫 번째, 용수판(龍首板)은 상여 덮개 앞뒤에 부착하는 반월형의 판으로 귀면(鬼面), 용수판(龍首板), 용면판(龍面板) 등으로 불린다. 잡신을 물리치고 혼령을 지키는 벽사(辟邪)의 의미를 담고 있는 용뿐 아니라 도깨비, 뱀, 인면 등의 다양한 형태로 만든다.

두 번째, 용마루는 상여 덮개 상부에 위치한 조각으로 두 마리의 용(靑龍, 黃龍)이 서로 반대 방향으로 꼬아 길게 일자형을 이루고 있다. 용 위에는 동방삭(東方朔), 저승사자의 조각을 부착하며 용마루 앞뒤에는 용두(龍頭), 봉두(鳳頭) 등을 꽂는다. 용의 비늘은 점묘법(點描法)을 쓰거나 일일이 그려 넣으며 보통 용은 여의주를 물고 있다.

세 번째, 정자용(丁字龍)은 상여 앞뒤의 장강 위에 가로대를 대고 세워 표현한 용이다. 두 마리 용은 머리가 양끝으로 향하도록 하며 몸은 중앙에서 서로 꼬여있는 모습이 丁자와 같다하여 정자용으로 지칭한다.

네 번째, 병아리나사는 운각판을 몸틀에 고정시키는데 쓰이며, 예전에는 봉황으로 만들던 것이 닭, 병아리로 변하였다.

다섯 번째, 유소(流蘇)는 봉술과 딸기술로 병아리 나사에 다는 장식이며, 수식(垂飾)은 휘장의 바깥부분을 장식한 아래가 뾰족한 사각형태의 술로서 붉은색, 파란색, 노란색을 사용한다.

4.5 제례

4.5.1 제례의 의의

제례(祭禮)는 제사(祭祀)를 지내는 예절이다. 흔히 제사는 초월적 존재인 신명(神明)을 받들어 복을 받으려고 기원하는 의례(儀禮)이면서 동시에 돌아가신 후 미처 다하지 못한 봉양을 뒤 좇아 하고 미처 다하지 못한 효도를 이어가는 의례이다. 즉, 제례의 기원은 영혼이 불멸한다는 사상, 사자에 대한 애정과 조상으로부터 보호받고자 하는 욕망 등 조상을 숭배하는 조상숭배사상에서 발생한 것이다.

고대 제례의 목적은 크게 세 가지였다. 『예기』에 따르면 "제례에는 기(祈)가 있고, 보(報)가 있고, 유피(由避)가 있다."라고 하였다. 기는 복을 기원하는 것이고, 보는 복 받는 것에 대한 보답이며, 유피는 회피하는 것이다. 따라서 제례의 본래 목적은 기복, 보답, 피화(避禍)라 할 수 있다. 복을 받고자 하는 욕망, 화를 피하려는 욕구, 은혜에 보답하고자 하는 것이다.

4.5.2 제례의 종류와 특성

제례의 형식에는 유교식, 불교식, 천주교식, 기독교식으로 구분된다. 이 중 유교식과 불교식은 전통적 절차로 제사는 지내는 방식이다. 제례의 주관자는 보통 고인의 장자 또는 장손이며, 봉사 는 과거에는 4대조까지 있었으나 1969년 가정의례준칙에 의거 2대조까지 지내는 것을 원칙으로 하고 있다. 현재 우리나라 제례의 종류와 특성은 다음과 같다.[123]

표 4.2 제례의 종류와 특성

종류	특성
사시제 (四時祭)	집안제사의 하나인 사시제는 1년에 네 번 즉, 춘하추동(2월, 5월, 8월, 11월)의 계절마다 고조 이하의 조상을 함께 제사하던 합동 제사의 하나이다. 날이 밝으면 아침 일찍 일어나 제주이하 모든 참사자는 제복을 입고 사당으로 나아가 분향한 뒤 신주를 모시고 제사를 지낸다. 고대에는 제사의 으뜸이었으나 조선시대 이후 기제가 중시되면서 점차 퇴색되어 갔다. 요즘에는 이 시제를 거의 지내지 않는다.
선조제사	가례의 선조에 대한 제사는 초조(初祖:시조)와 그 이후 5대까지 여러 선조에 대한 제사로 나뉜다. 전자는 시조의 직계 종손만이 행하는 것으로 매년 동지에 거행하고 후자에 대한 제사는 역시 그 선조의 직계 종손만이 제사하는 것으로 매년 입춘에 거행한다.
이제	이제는 부모를 위한 정기 계절 제사로 매년 음력 9월에 거행된다. 이는 부모 이상의 대를 이은 집에서 장자가 주제한다. 이제를 9월에 행하는 것은 이때가 만물이 이루어지는 계절이기 때문이며 그 대부분의 진행 절차는 시제와 같다. 제삿날이 동이 틀 무렵 일어나 제상을 진설한 후 제주 이하가 옷을 갈아입고 사당에 나아가 신주를 정침으로 모셔 나와 제사를 지낸다.
기제(忌祭)	기제(忌祭)는 기일 제사의 약칭으로 기일 즉, 고인이 돌아가신 날에 해마다 한 번씩 지내는 제사를 말한다. 기제는 오늘날의 가정에서 가장 중요한 제사로 인식되고 있다. 기제의 봉사대상은 과거에는 『주자가례』에 따라 4대조까지 이었으나 요즘에는 대체로 2대조까지와 후손이 없는 3촌 이내의 존, 비속에 한해서만 기제를 지낸다. 제사 시간은 고인이 돌아가신 날 자정부터 새벽 1시사이 모두가 잠든 조용한 시간에 지냈다. 요즘에는 시간에 구애받지 않고 그날 해가 진 뒤 어두워지면 아무 때나 적당한 시간에 지낸다.

묘제(墓祭)	묘제(墓祭)는 산소를 찾아가서 드리는 제사이다. 『격몽요결』에서는 1년에 4번, 정월초하루, 한식, 단오, 추석에 묘제를 지내도록 되어 있고, 『사례편람』에서는 3월 상순에 날을 택하여 지낸다고 되어 있다. 요즘에는 적당한 날을 하루 잡아서 산소를 찾아가 문중이 모두 함께 제사를 드리는 것으로 대신하고 있다. 『고례』에 의하면 제주를 비롯한 여려 참사 자들이 검은 갓과 흰옷을 갖추고, 일찍 산소에 찾아가 제배하고, 산소를 둘러보면서 세 번 이상 잘 살피며 풀이 있으면 벌초하고 산소 앞을 깨끗하게 쓸고 난후 산소의 왼쪽에 자리를 마련한다. 산소의 왼쪽에 자리를 마련하고 토지신에게 먼저 제사를 지낸 후 산소 앞에 정한 자리를 깔고 제찬을 진설한다. 참신, 강신, 초헌, 아헌, 종헌, 사신의 순으로 제사를 지내고 상을 물린다.
차례(茶禮)	차례(茶禮)는 속정 제사로 차사(茶祀)라고도 한다. 차례는 정식 제사가 아닌 약식제사로서 음력 매월 초하룻날과 보름날, 그리고 명절이나 조상의 생신날에 지내며 보통 아침이나 낮에 지낸다. 『예서』에는 차례를 제사로 규정하지는 않았지만 우리나라에서 관습적으로 민속명절에 조상에게 올리는 제사이다. 차례는 기제를 지내는 조상에게 지내며 설과 추석 명절에만 아침에 각 가정에서 조상의 신주나 지방 또는 사진을 모시고 지낸다.
불천위제사 (不遷祭位祀)	국가에 큰 공을 세웠거나 덕이 높아 그 신위를 영구히 사당에 모실 것을 나라에서 허락한 조상의 기제를 일컫는다. 본래 4대조 이상이 되는 조상은 묘제의 대상이 되는데 불천위에 해당하는 조상과 그 배우자에 대해서는 영구히 매년 기일에 제사를 지낸다.

4.5.3 제례 순서[124]

현대의 제사개념은 전통적인 제사에 대한 평가와 반성을 통해 보다 합리적인 내용을 제시하고 있다. 이것은 제사가 형식에 치우쳐 낭비적인 요소가 있었던 과거를 평가하면서 산업화된 사회에서의 적절한 형태를 제시하고자 한 취지의 반영이다.[125]

(1) 강신(降神)

신위를 모시는 제상의 좌우에 집사를 세우고, 제주(祭主, 장자, 장손 후계 자손 중 최연장자)가 향안(향받침대) 앞에 북향해 끓어 앉아 향을 피운다. 좌집사가 제주에게 잔을 주면 우집사가 술을 따른다. 제주는 잔을 들어 향로 위를 세 번 돌린 후 술을 모사(술을 따르는 그릇에 담은 모래와 거기에 꽂은 띠의 묶음)에 세 번 나누어 붓는다. 제주는 잔을 집사에게 주어 원래의 위치에 놓게 하고 뒤로 한 발 물러나 읍(소리없이 눈물)하고, 재배한 뒤에 자리로 물러선다.

(2) 참신(參神)

강신을 마친 후 제주이하 모든 참사자(參祀者)가 조상을 뵙는 절차로 모두 큰절을 한다. 제주 이하 남자는 두 번 절하고 주부이하 여자는 네 번 절한다.

(3) 초헌(初獻)

제주가 첫 번째 술을 올리는 절차이다. 제주가 신위 앞에 나아가 꿇어 앉아 분향한 후 좌집사가 제주에게 잔을 주고 우집사가 술을 따른다. 제주는 오른 손으로 잔을 들어 모사에 술을 조금 부은 다음, 잔을 좌집사에게 준다. 좌집사는 잔을 메(밥)와 갱(국) 사이에 놓는다. 제주는 일어나 두 번 절한다.

(4) 독축(讀祝)

제주 이하 모든 참사자가 꿇어앉고 참사자 중 한 사람이 축을 읽는다.

(5) 아헌(亞獻)

두 번째 잔을 올리는 절차이다. 두 번째 잔은 주부(제주의 아내)가 올리는 것이 예이지만, 주부가 올리기 어려울 때에는 제주의 다음 가는 근친자나 장손이 올린다. 주부가 올릴 때에는 네 번 절한다.

(6) 종헌(終獻)

세 번째 올리는 잔을 말한다. 종헌은 아헌자의 다음가는 근친자가 아헌 때의 예절과 같은 방식으로 잔을 올리고 절을 한다.

(7) 유식(侑食)[126]

조상에게 많이 흠양하시기를 권하는 절차이다. 종헌자가 채우지 않은 술잔에 제주가 무릎 꿇고 다른 잔에 술을 조금 따라 좌우측 집사를 통하여 술을 채우도록 하는데 이를 첨작(添酌)이라 한다. 이때에는 반드시 숟가락 바닥이 오른쪽으로 향하도록 꽂아야 한다. 수저의 방향은 동쪽을 향하게 한다.

(8) 합문(闔門)

제사에 참석한 사람 모두가 제사를 지내는 방에서 나와 문을 닫고 마루나 대청에서 7~8분간 조용히 기다리는 것을 말한다.

그림 4.17 사당[127]

그림 4.18 감실[128]

(9) 계문(啓門)

제주가 문 앞에서 '어흠, 어흠, 어흠'하고 기침을 한 다음 문을 열고 일동과 함께 들어간다.

(10) 헌다(獻茶)

숭늉을 갱(국)과 바꿔 올리고 메를 조금씩 세 번 떠서 말아놓고 수저를 국그릇에 고정시킨다.

(11) 낙시저(落匙箸)

숭늉 그릇에 있는 수저를 거두어 메 그릇을 덮는 것을 말한다.

(12) 사신(辭神)

참사자 모두가 두 번 절하고, 신주일 경우에는 사당에 모시고 지방과 축문을 불태운다.

(13) 철상(撤床)

모든 제상 음식을 물리는 것을 말하며 제상의 위쪽에서 다른 상으로 공손하게 옮겨 물린다.

(14) 음복(飮福)

조상이 내려준 복된 음식이라는 뜻이며, 제사 참석자 모두가 함께 먹고, 이웃에게도 나누어 준다.

그림 4.19 제사상

4.5.4 제례 음식[129]

『삼국사기』에 의하면 고구려에서는 돼지와 사슴을 제물로 하여 제례를 지냈고, 백제에서는 돼지, 신라에서는 풍년일 때는 소, 흉년일 때는 양을 제물로 사용하였다는 기록이 있다. 따라서 삼국시대에는 소, 양, 돼지를 제물로 사용하였음을 알 수 있다. 『삼국유사』「가락국기」에는 메, 떡, 과, 감주, 제주, 차를 제물로 사용하였다는 기록이 있어 여러 음식을 갖추어 제사 지냈음을 알 수 있다. 『고려사』에는 메, 면, 국, 어, 육, 채, 떡, 과일을 제물로 사용하였다는 기록이 있어 오늘날과 같은 제물의 형식이 나타나 있음을 알 수 있다. 『사례편람』에는 메, 면, 국, 어, 육, 적, 포, 해, 숙채, 침채, 떡, 과, 식혜, 제주, 차, 청장, 식초를 제물로 사용하였다는 기록이 있어 조선시대의 제물이 고려에 비해 적, 포, 해, 식혜, 청장, 식초 등이 첨가되어 그 종류가 다양함을 알 수 있다. 『증보산림경제』에는 메, 면, 국, 탕, 적, 회, 육포, 자반, 해, 채, 침채, 떡, 과, 식혜, 수정과, 제주, 청장, 식초를 제물로 사용하였다는 기록이 있는데, 『사례편람』에 없는 탕, 회, 자반, 수정과 등이 첨가되어 있어 제물이 더 화려하고 복잡해지는 경향을 알 수 있다. 오늘날의 제례에는 보통 술, 과일(대추, 밤, 감, 배, 기타), 밥, 국, 국수, 떡(편), 과자, 적(육적, 어적, 계적), 탕(육탕, 어탕), 전(육전, 어전), 포(육포,어포),나물, 김치 등을 제수로 올리고 있다. 대표적인 제례 음식은 다음과 같다.

(1) 대추

대추는 꽃 하나가 피면 반드시 열매를 맺고서야 떨어진다는 점 즉 집안에 후손이 끊어지지 않는다는 것을 상징한다.

(2) 밤(栗)

땅속에 들어갔던 최초의 밤이 그 위의 나무가 아름드리가 되어도 절대로 썩지 않고 남아 있어서 언제나 근본이 살아 있다는 것을 상징한다. 밤송이에 밤알이 사이좋게 들어 앉아 있기에(자식과 동기간 형제를 상징)신주와 장승 등에 쓰이는 나무가 밤나무이며 조상의 위를 모시는 나무패로 만드는 것은 조상에 대한 공경심 때문이다.

(3) 감

감나무의 감은 3~5년 쯤 지나서 그 줄기에 다른 감나무 가지를 접붙여야 훌륭한 감을 얻을 수 있다. 사람도 태어나서 가르침을 받아야 올바른 인간이 된다는 뜻을 감나무의 생태를 빌려 상징한 것이다.

(4) 도라지

도라지는 흰색으로 뿌리나물이라 하여 조상을 상징한다.

(5) 고사리

검은색으로 중기나물로 부모님을 상징한다.

(6) 미나리

푸른색의 잎은 나를 상징 한다.

(7) 삼적(三炙)

석잔의 술을 올릴 때 마다 바다고기인 어적(魚炙)과 네발짐승인 육적(肉炙), 야채적으로 두부나 갖가지 야채 꽂이를 올리면서 소적이라 하며, 자연이 내린 음식을 골고루 맛보게 하기 위함이다.

05 민간신앙

5.1 민간신앙의 의미

5.1.1 민간신앙의 개념[131]

민간신앙은 종교적 체제를 갖추지 못한 채 민간층에서 전승되는 신앙이다. 김태곤은『한국 민간신앙연구』에서 민간신앙은 민간층에서 전승되는 자연적 신앙으로 민간인이 신앙하는 자연적 종교라는 의미로 교조에 의한 교리가 문서화되지 않은 종교로 무속신앙과 가신신앙 등을 인위적 상황이 배제된 자연적 종교라 하였다.[132]

인위적	불교, 도교, 천주교, 기독교
자연적	민간신앙

이와 같은 민간신앙의 개념은 종교를 인위적 종교와 자연적 종교로 구분할 때 후자를 가리키는 종교의 입장이 된다. 전자는 불교나 기독교 등의 예와 같이 교조에 의한 교리가 문서화되고 이것을 중심으로 인위적 조직을 갖춘 종교이며, 후자는 무속이나 동신(洞神)신앙과 같이 인위적 상황이 배제된 자연적 종교이다. 그래서 후자인 민간신앙은 전자와 같이 교조에 의한 교리가 문서화된 경전이나 체계화된 조직이 없이 자연적 상황 그대로의 자연적 종교이다.

우리나라 민간신앙의 성립은 세 가지 관점에서 설명할 수 있다. 첫 번째, 풍토적인 조건이다. 농업국가인 우리나라는 모든 제반의식이 농경과 밀접한 관련을 맺고 있다. 수호신으로서 산신과 서낭신은 농작의 풍작과 흉작을 결정해 주는 것으로 믿어 신을 위해 제사를 지냈다. 두 번째, 역사적인 조건이다. 고대에는 단군신화에 의해 곰을 숭상했고 산신에게 제사하여 수호해 줄 것을 빌었으며 신단수 아래에서 축원했다. 이후 삼국시대에 유입된 불교가 토착화되면서 민간신앙과 결합되었고 고려와 조선시대를 거치면서 유교가 민간신앙과 관계를 맺게 되었다. 이러한 역사적 사건들이 민간신앙에 영향을 주었고 새로운 민간신앙을 정립시키는데 작용하였다. 세 번째, 사회적인 조건이다. 사람들이 많이 모여 사회를 형성하고 살아가는 과정에서 개인과 공동으로 신이 필요하게 되었다. 결국 민간신앙이 사회의 피지배층인 민간인에게서 신봉되는 현상을 가져왔다.[133]

5.1.2 민간신앙의 기능[134]

(1) 종교적 기능

민간신앙은 미래지향적인 관념적 종교가 아닌 민간의 생활 현장에서 생동하는 현재의 산 종교이다. 즉, 오랜 역사성을 지니고 있는 민간신앙은 현재적 종교이며 정신적인 불안을 해소하고 생활에 희망을 부여하면서 민족의 역사의식과 심적인 연대를 강화시키는 기능을 한다고 볼 수 있다.[135]

그러나, 특별한 교리나 교단이 아니라 구체적인 신앙 행위인 의례를 중시하는 주술종교이기 때문에 현실의 생존적 이해관계 속에서 번거로운 교리나 교단은 생략되었다. 형식이나 격식을 갖출만한 신앙의 지침서나 경전 같은 것이 없으며 오직 착실하게 믿고 지극한 정성을 드리면 기원하는 사항이 이루어진다고 믿었다. 이런 생활 속에서 민간신앙의 종교력에 의하여 병을 고치고 행운을 얻어 재난을 면하고 부자가 될 수 있다는 신념과 같은 종교적 기능을 수행하였다.

또한, 다른 종교처럼 유일신이 아니라 매우 다양한 다신(多神) 신앙성도 가지고 있다. 민간의 생활 공간과 생활 자체를 통제 또는 수호하는 초자연적 존재가 하나의 신으로 충족되는 것이 아니라 그 직능에 따라 여러 신이 존재하였다.

(2) 사회적 기능

① 사회 정통적 계승

마을마다 정월 14일 밤에 거행되는 동신제(洞神祭)는 그 마을의 전통적인 생활방식에 의해 동신에게 새해에도 풍년이 들고 병 없이 건강하게 잘 살 수 있게 해달라고 빌었다. 이때 동신제는 수 십년 혹은 수 백년 동안 조상들이 지내던 동신제를 그대로 답습하면서 동민들이 마을의 공동운명체라는 자기 소속감을 확인시켜 주고 그래서 과거 조상들이 생활해 온 본(本)을 그대로 이어간 것이다. 이와 같은 본(本)이 그 마을의 사회적 구심점이 되어서 그 마을의 사회적 정통성으로 이어지게 되었다.

② 심적 연대

동신제의 경우 동민들이 합동으로 제비(祭費)를 추렴하여 그 마을을 수호해 주는 동신에게 제를 올리는데 제월(祭月) 전부터 준비하고 동민 전체가 합동으로 부정을 가리며 금기를 지켰다. 동신제의 금기는 보통 21일 간인데 해안이나 도서지역의 동신제에서는 100일 또는 1년간의 금기도 있다. 금기를 잘 못 지키면 부정이 들어와 마을 전체가 피해를 입게 된다고 믿어 동신제 기간은 동민들이 합심해서 금기를 지켰다. 그래서 동신제의 금기, 제비, 인력동원 등은 동민들의 심적 연대를 단합시켜 소속감을 보다 공고히 하는 계기가 된다.

③ 민주화

동신제에 관한 협의는 어느 마을에 가나 동회(洞會)를 열어 결정한다. 즉, 동회는 대체로 12월 20일 경에 열리는데 이 회의에서 동민들이 협의하여 제관(祭冠)을 선출하고 제의 경비를 결정해 동민들 전체 의사가 반영된 민주적 방식으로 동신제를 지내게 된다. 또 동신제가 끝난 이튿날 아침이 되면 동민들이 동신제를 주관한 당주(堂主)집에 모여 제물을 고루 나누어 먹고 제비를 결산해 공표한다. 수입과 지출을 명확히 밝히고 여분이 있으면 마을의 공동 기금으로 적립시키거나 마을의 공동 경비로 사용한다. 그래서 동신제의 이와 같은 절차는 예로부터 전해 오는 재래의 전통적인 대동 의결의 민주적 기구로 볼 수 있다.

④ 친교

해가 바뀐 신년 초에 신년제적 성격으로 지신밟기를 진행한다. 지신밟기는 마을의 청년들이 지신패를 조직하여 꽹과리, 장구, 북, 징 등의 풍물을 울리며 마을 곳곳을 돌아다니며 집집마다 들러 지신을 밟으며 축원해 주는 행사이다. 그러면 주인집은 쌀과 돈을 내고 술상을 차려서 대접한다. 그렇게 되면 자유롭게 남의 집에 들어갈 수 있고 주인으로부터 손님으로 대접받는 계기가 되면서 사회적으로 방문 교류의 친교효과를 가져오게 된다.

(3) 예술적 기능

① 무속

무당의 굿은 노래, 춤, 연극으로 이루어져 있다. 굿을 할 때 무당은 축원 내용을 노래로 부르며 춤추고 신의 동작과 기원 내용을 극적으로 표현한다. 굿은 음악, 연극, 무용, 미술 등 각기 독립시켜 볼 수는 없겠지만 미분화된 종합예술로 존재하여 각 예술 장르의 모체로 볼 수 있다. 또한 무속신앙은 음악, 무용, 연극 외에도 회화(巫神圖), 조각(巫神像), 공예(지화, 꽃등, 종이배 등) 등의 예술 분야가 꾸준히 발전하였기에 예술사적 가치가 높다고 볼 수 있다.

② 음악과 춤

민간신앙과 관련된 음악은 무속신앙 외에 농악이 있다. 신년제의 일환인 정초의 지신밟기에는 꽹과리, 징, 북, 장구, 소고 등의 농악기가 주종을 이루고 있다. 춤의 경우 지신밟기에서 농악의 가락에 맞추어 춤을 추며, 동신제에서도 제의가 끝나면 주민들이 한데 얽혀 흥겹게 춤을 추어 민간신앙의 춤판을 마련한다.

5.1.3 민간신앙의 역사[136]

민간신앙의 역사적 기록은『삼국사기』와『삼국유사』에서 "신라 제2대 남해왕이 무당이다."라는 기록에서부터 시작된다. 청동기시대 유물인 다뉴세문경, 팔주령, 세형동검과 같은 도구들이 무구(巫具)류로 제작되었을 것으로 추측된다. 또한,『삼국사기』,『삼국유사』,『고려사』,『조선왕조실록』등의 역사서에서는 점복, 무속, 마을신앙 등의 기록이 계속 나온다. 이는 민간신앙이 초기국가시대부터 조선시대까지 지속적으로 이어진 것으로 보인다. 여기에 외래종교인 불교가 4세기 후반 유입되었고, 도교, 유교, 기독교 등도 국내로 들어오면서 역사 · 문화적 누적 층을 이루었고, 민간신앙과 결합되었다.

따라서 민간신앙은 종교 문화적 누적층을 통해 한결 같이 우리나라의 정신적 소산이 되었고 종교 및 문화의 에너지원으로 존재하여 왔다.

5.1.4 민간신앙의 종류[137]

민간신앙은 세시풍속, 가신신앙, 마을신앙, 무속신앙, 점복신앙, 예조, 풍수신앙, 독경신앙, 영웅신앙, 자연물신앙, 사귀신앙, 금기, 부적, 주술 등이 있다.

(1) 세시풍속

세시풍속은 봄, 여름, 가을, 겨울의 계절에 따라 풍요와 건강을 위해서 진행한 제의적 행사이다. 세시풍속의 형태는 봄에는 설날부터 삼월 삼짇날까지 있고, 여름에는 한식부터 유두까지 있으며, 가을에는 칠석부터 중양절까지 있고, 겨울에는 시제부터 섣달그믐까지 있다. 이러한 세시풍속은 대체로 계절에 따라 농경의례적 성격이 짙고 가신신앙과 마을신앙도 깊은 관련이 있다.

(2) 가신신앙

가신신앙은 가택의 요소마다 신이 있어서 집안을 보살펴 주는 것이라 믿고 이 신에게 정기적인 제의를 올리는 것이다. 이칭으로 가택신앙, 집신신앙, 집안신앙, 가정신앙 등이 있다. 가신은 성주신, 조상신, 조왕신, 삼신, 터주신, 업신, 철륭신, 측간신, 우마신 등이 있고, 봉안(奉安) 형태, 장소, 신체는 기능이 뒤섞여 있어 저마다 직능이 다 다르다.

(3) 마을신앙

마을신상은 동신신앙이라 부르며, 마을의 공동 수호신을 신당에 모셔놓고 제액초복(除厄招福)과 풍년을 기원하는 공동 신앙이다. 이칭으로 동제, 동신제, 동고사라 하며, 유교식 의례로 지내거나 무당이 참여하여 당굿형태로 지낸다. 그렇기 때문에 마을신앙의 기능을 종교적, 사회적, 경제적, 오락적, 예능적, 관광적 기능으로 확대하여 보고 있다. 또한 지역에 따라 산고사, 동고사, 별신굿, 용궁맞이, 장승제 등 생업에 따라 다양하게 진행되고 있다.

(4) 무속신앙

무속은 무당을 주축으로 민간에서 전승되고 있는 자연적 종교현상이다. 무당은 신병이라는 종교체험을 통해 신의 영력을 획득한 강신무와 혈통에 따라 가계계승을 한 세습무로 나뉜다. 무당은 이들 신의 영력에 의해 길흉화복의 인간 운명을 굿으로 조절하는 능력을 가진 민간의 종교적 지도자라 할 수 있다.[138]

(5) 점복

점복은 미래에 대한 예지적인 앎을 통해 발생할지도 모를 불행을 미리 막고 행복을 추구하려는 인간적인 의지가 반영된 독특한 신앙형태이다.[139] 점복은 인(因)으로부터 과(果)를 미리 알아내는 기술로 현재 나타난 원인을 보고 미래에 나타날 결과를 알아보는 것이다. 점복은 신 내림을 받은 자가 보는 신점(神占)을 비롯해 역학을 학습한 역학자가 보는 역리점 및 상점(相占) 등이 있다.

(6) 예조(豫兆)

예조는 인간을 둘러싼 현상을 원인으로 보고 미래의 결과를 알고자 하는 신앙이다. 즉, 다가올 일을 예견하는 징조를 상식적인 선에서 해독하는 것이다. 예를 들어 까치가 울면 손님이 온다던가, 까마귀가 울면 불길한 일이 생기거나, 밤에 거미가 내리면 근심이 생기며, 돼지꿈을 꾸면 복이 들어올 징조라는 것이다.

(7) 풍수신앙

풍수신앙은 장풍득수(藏風得水)의 약자로서 산수의 영기(靈氣)가 인간의 길흉화복을 조절한다고 믿어 영기가 있는 지형을 찾아 묘자리와 집터를 잡는 것이다. 이는 지기(地氣)가 좋은 곳을 잡으면 발복(發福)한다는 신앙성에서 나온 것이다. 묘자리를 잡는 것을 음택풍수, 집터를 잡는 것을 양택풍수, 마을이나 도읍지를 잡는 것을 양기풍수라 한다. 풍수는 지리와 지술(地術)이라고도 하며, 풍수를 전문으로 하는 사람을 지관, 지사(地師)라 일컫는다.

(8) 독경신앙

독경은 경문을 읽어 악귀를 몰아내고 복을 기원하는 행위이다. 독경은 무당이 행하는 굿과는 달리 독경자가 앉아서 경문을 낭송하므로 좌경(坐經) 또는 앉은 굿이라 한다. 독경은 우리 민족의식의 일면을 지배하였던 신앙으로서 축원문, 경문 등은 구비문학의 전통으로 수용되고, 그들이 가졌던 악령 구축의 기상은 사회악을 제거하고 사회질서를 확립하는 집단의식으로서 뿌리 깊게 남아 있다.

(9) 영웅 신앙

영웅의 영혼을 신으로 신앙하는 것으로 대개 마을신앙과 무속신앙으로 자리 잡고 있다. 영웅신에는 왕신, 장군신, 대감신 등이 있는데 보통사람과 다른 뛰어난 인간의 영혼들이다. 그러나 왕이나 장군이라 해서 모두 신이 되는 것은 아니다. 시조왕이라든가 불우하게 지낸 왕, 억울하게 숨진 왕, 유달리 큰 일을 한 인물이 신으로 지정된다.

그림 5.1 용신제[140]

(10) 자연물 신앙

자연물 신앙은 산, 나무, 암석, 강, 바다 등의 무생물과 구렁이, 호랑이, 말, 곰 등의 동물, 까치, 까마귀 등의 조류를 신성시하여 신앙하는 것이다. 산에 가서 산신제를 지내고 강이나 바다에 가서 용신제를 지내며 거목, 암석 앞에서 제를 지내면서 소원을 비는 것을 모두 자연물을 신격화하여 신앙하는 것이다. 예를 들어 소를 조상의 상징, 말을 서낭신의 상징, 돼지를 지신의 상징, 구렁이를 업의 상징, 호랑이를 산신의 상징, 개를 객귀의 상징이라 하여 이런 동물을 훼손하는 것을 금지하였다. 이처럼 자연물 신앙은 일상적인 것과 구별되며 쉽게 멸하지 않고 영원한 것을 그 대상으로 삼는다.

(11) 사귀 신앙

인간을 방해하는 잡귀들을 신앙하여 그 잡귀들로부터 피해를 면하려는 신앙이다. 인간을 가해하는 사귀로서의 잡귀는 인간 사령으로 객귀, 영산, 상문(喪門) 등이 있고, 역신으로 손님, 우두지신이 있다. 이밖에 처녀귀로 일컬어지는 손각씨 또는 왕신이라고도한다. 총각귀인 몽달귀신, 도깨비 등도 여기에 포함된다.

(12) 금기

금기는 '삼간다', '근신한다', '피한다'라는 말로서 종교적인 관습에서 어떤 대상에 대한 접촉이나 언급이 금지되는 것을 말한다. 결국 금기는 부정에 빠지지 않고 거룩함을 유지하기 위해서 인간의 행동을 제한하는 것을 말한다. 가령 신성한 공간에서 외부 출입을 막기 위하여 금줄을 치거나 황토를 뿌리거나 일정기간 동안 목욕재계를 하는 행위를 말한다.

(13) 부적(符籍)

부적은 재앙이나 잡귀를 물리칠 수 있는 주력(呪力)을 가진 글자를 말한다. 부적의 형태는 한지에다 붉은 색으로 소망하는 내용의 글씨를 여러 개 쓴 것이다. 무당이 쓴 것은 신력(神力)으로 내린 것이라 하여 각별히 '부적을 내린다'라고 한다. 무당이 부적을 내릴 때에는 신성력을 강화하기 위하여 이른 새벽과 같은 특별한 시간에 목욕재계를 하고 쓴다.

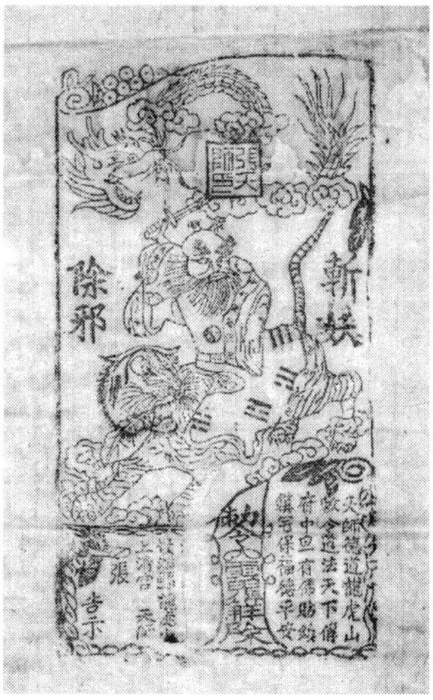

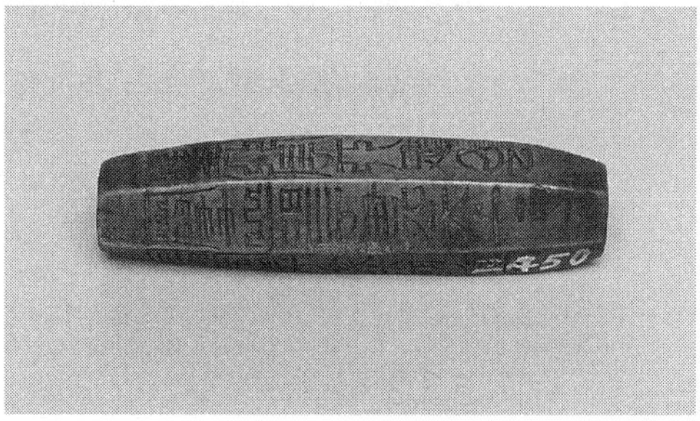

그림 5.2 부적

(14) 주술(呪術)

주술은 주력에 의해 인간의 목적을 이루려는 것으로 방술(方術), 술법(術法) 등이라 한다. 예나 지금이나 사람이 살아가는 데는 예기치 못한 액운이 닥쳐오고 조금이라도 이러한 액을 피할 수 있는 방법을 찾게 된다. 이 과정에서 주술이 행해진다. 대표적인 주술로 양밥이 있다. 양밥은 눈다래끼가 난 사람이 삼거리 한복판에 돌을 놓고 그 위에 자신의 눈썹을 뽑아놓은 다음 돌을 올려놓는다. 지나가는 사람의 발에 그 돌이 채이면 다래끼가 그 사람에게 옮겨간다고 믿었다.

5.2 무속신앙

5.2.1 무속의 개념

고대의 인류는 질병이나 자연현상으로 인해 끊임없이 생명에 대한 위협을 받았지만 정확한 원인이나 자연현상을 알 만한 인지능력이 부족하여 인간보다 강한 절대적인 힘에 의지하고자 하는 마음을 갖게 되었으며, 결국 원시종교라 불리는 종교현상이 나타났다.

따라서 초자연적인 능력을 가지고 초월적인 세계와 교류할 수 있는 지도자를 원했고, 이런 바램 속에 신을 섬기며 굿을 전문으로 하는 사제자인 무당을 주축으로 민간에서 전승되는 무속신앙이 종교로 자리잡았다.

한편, 무당을 뜻하는 한자인 무(巫)는 '人+工+人=巫'로 이루어져 있다. 즉, 무당은 하늘과 땅을 이어주는 존재로 무당이란 인간의 의지를 하늘에, 하늘의 의지를 인간에 전해주는 매개자의 위상을 지니고 있었다.[141]

5.2.2 무속의 역사

무(巫)는 한민족의 전통 신앙이자 기층 및 민중신앙이다. 중국으로부터 유 · 불 · 도교가 수용되면서 고려시대에는 이들 종교와 공존하였다. 조선시대부터 오늘날에 이르기까지 무는 다시 부정적인 것으로 핍박받아 왔지만 다른 종교를 받아들이고

이해하는 기반 역할을 했으며, 다른 종교의 가치와 의의를 인정했다.[142]

(1) 고대

청동기시대 유물 중 다뉴세문경(多鈕細文鏡, 구리거울), 팔주령(八珠鈴, 방사상의 여덟 개의 가지 끝에 각각 방울이 달린 형태), 세형동검(細形銅劍) 등은 오늘날 무구와 비슷한 도구들이며 당시 무속신앙과 무당이 존재했을 것으로 추측된다.

(2) 삼국시대

『삼국사기』에는 "김대문이 말하길 신라 2대 왕인 남해차차웅 혹은 자충(慈充)은 무당이다.", "6년(남해 3)에 혁거세 거서간이 사당을 세워 친누이인 아로(阿老)로 하여금 사계절마다 그곳에서 제사를 지내게 했다.", "보장왕 4년 5월 이세적이 밤낮을 쉬지 않고 요동성을 공격하길 12일째에 당나라 왕이 정병을 이끌고 합세하여 성을 수백 겹으로 둘러싸니 북과 고함소리는 천지를 흔들었다. 성에는 주몽의 사당이 있고, 사당에는 쇠사슬 갑옷과 섬모가 있었다."[143] 등의 기록이 나온다. 이는 삼국시대가 아직 샤머니즘의 흔적이 남아 있었던 것으로 보이며, 무당이 존재하고 있음을 알 수 있다. 더불어 고고학자인 김원룡은 신라의 금관이 인간계와 신계를 연결하는 장식으로 시베리아 샤먼들의 관을 본떠 만들었다고 주장하였다. 뿐만 아니라 통일신라시대 헌강왕 때 처용이 지어 불렀다는 처용가도 일종의 무가라 할 수 있다.[144]

(3) 고려시대

고려시대에는 금무(禁巫)[145]와 별기은제(別祈恩祭)[146]에 대한 논란을 지속적으로 등장하는 것으로 보아 무속신앙이 빈번하게 행해졌다는 것을 알 수 있다.[147] 또한『고려사』의 기록에 따르면 "의종때 양반 중 재산이 넉넉한 자를 가려 선관(仙官, 무당)이라 하고 팔관회를 주관하게 하였다.", "충숙왕 4년 첨의좌정승(僉議左政丞) 판삼사사(判三司事) 강융의 누이가 무당이 되어 송악사(松岳祠)에서 기식했다.", "의종 22년 3월 왕이 평양에 행차하여 선풍(仙風)을 진작하라.", "충혜왕 후 4년 무당과 장인(匠人)을 업으로 사람들에게 공포(貢布)를 징수했다.", "인종 11년 5월 여무(女巫) 300명을 도성청에 모았다.", "인종 12년 6월 무당 250명을 도성청에 모아

기우했다." 등을 통해 무당의 존재에 대해 확인할 수 있다. 한편, 이규보의 『동국이상국집』 「노무편(老巫篇)」 병서(并序)에는 "동쪽 이웃에 늙은 무당이 살았는데 음란한 노래와 괴상한 말들이 들려 괴로워하던 차에 나라에서 명을 내려 모든 무당들로 하여금 멀리 옮겨가 서울에 인접하지 못하게 하자 이를 기뻐하여 시를 지었다.", "목구멍 속의 새소리 같은 가는 말로 늦을락 빠를락 두서없이 지껄이다가 천 마디 만 마디 중 요행 하나만 맞으면 어리석은 남녀가 더욱 공경히 받드니… 몸을 추켜 펄쩍 뛰면 머리가 들보에 닿는다."라는 기록이 있다. 이는 오늘날 굿 12거리 중 제석과 비슷한 행위가 당시에도 있었음을 알 수 있는 대목이다.

(4) 조선시대

조선시대에는 초기부터 무속신앙을 철저하게 막았다. 『경국대전』에 따르면 "부녀로서 절에 올라가는 자, 사족의 부녀로서 산간이나 물가에서 놀이 잔치를 하거나 야제(野祭), 산천, 성황의 사묘제를 직접 지낸 자 등은 모두 장(杖) 100대에 처한다."라는 기록이 있다.[148]

하지만 무속신앙은 민간 생활 속에서 면면히 이어져 오고 있었다. 조선시대 후기 실학자 이익의 『성호사설』에 따르면 "임금이 거처하는 곳부터 주읍에 이르기까지 모두 주무(主巫)가 있어 마음대로 출입하니 민풍은 여전하다."라는 기록과 순조 때에는 남녀무(男女巫)와 조무(助巫)의 총수가 5,000명이라는 기록이 있다.[149] 이처럼 조선시대 유교 제례에서 배제된 여성들을 중심으로 고달픈 생활 속에서 현실적이며 절실한 염원의 반영으로 무당이 이어진 것으로 보인다.

5.2.3 무당의 유형

무당의 유형에는 강신무와 세습무가 있다. 강신무(降神巫)는 신병체험을 통해 신내림을 받은 무당이며 중부와 북부지역에 많이 분포되어 있다. 굿을 할 때는 굿거리마다 해당되는 신이 달라 복장도 보통 12~20종에 이르며, 무구는 타악기 위주로 가무의 가락과 속도가 몹시 빠르고 흥분된다.

세습무(世襲巫)는 혈통에 따라 가계 계승으로 된 무당으로 기능과 역할은 시어머니로부터 며느리가 전수받으며 남부지역에 집중되어 있다. 굿이 주업이며 대개

2~3종 정도의 무복을 갖추고 무구는 타악기외에 취타악기, 현악기까지 다양하게 동원된다.

지역에 따라 유형을 보면 중부와 북부지역에 분포되어 있는 무당형, 호남과 영남지역에 분포되어 있는 단골형, 무당형과 단골형의 중간 형태인 제주도의 심방형, 남부지역에 집중 분포 되어 있는 명두형이 있다. 이들 모두 전문적인 종교 사제자로서 민중의 욕구를 실천화하는 제의, 곧 굿을 주관한다.[150]

무당형	중부, 북부지역
단골형	호남, 영남지역
명두형	남부지역
심방형	제주도

5.2.4 굿의 종류

굿이란 무당이 신을 모셔 놓고 제를 지내는 일종의 의식이다. 굿을 진행하는 외형적인 형태에는 지방에 따라 차이가 있으나 굿의 종류와 굿의 구조에서는 전국적으로 공통성이 있다.

굿의 구성을 보면, 일반적으로 12제차로 구성되어 있으며, 현재 행해지고 있는 굿의 형태는 고려시대 중기에 정형화된 것으로 12라는 숫자는 제차의 정확한 수를 의미하는 것보다도 12개월로써 1년이 형성되는 것과 같이 완전 혹은 총체성을 나타내는 개념이다. 이러한 굿의 궁극적인 목적은 건강하게 오래 살고, 불행한 일을 멀리하고 복을 받아 풍요롭게 살고, 후손이 잘 되며 죽어서 저승에 가서도 행복하게 영생할 것을 바라는 마음이다.

굿의 종류는 형태에 따라 무당이 서서 하는 일반적인 선굿과 앉아서 주로 독경을 하는 앉은굿이 있다. 그리고 목적에 따라 무당을 위한 굿, 마을 공동을 위한 굿, 산 자를 위한 굿, 죽은 자를 위한 굿이 있다. 무당을 위한 굿에는 내림 굿과 진적 굿이 있고, 마을 공동을 위한 굿에는 별신굿, 부군당굿, 도당굿 등이 있다. 산 자를 위한 굿에는 치병굿, 재수굿 등이 있고, 죽은 자를 위한 굿에는 서울의 진오기굿, 동해안

그림 5.3 굿청[152]

그림 5.5 무선

그림 5.4 무령

의 오구굿, 호남의 씻김굿 등이 있다.[151]

5.2.5 무속의 사고

무속의 사고(思考)에 의하면 인간은 육신과 영혼으로 구성되어 있는데 이승의 삶은 순간적이며 저승의 삶은 영원하다. 이승에서의 죽음은 육신의 죽음일뿐 영혼은 저승으로 가서 영생한다고 여겼다.

이승	저승
현실	비현실
코스모스	카오스
세속	신성
유한	무한

현실과 비현실은 이승과 저승으로 구분되며, 이를 코스모스와 카오스로 보았다. 신성한 영역인 카오스는 신이 존재하는 모든 존재의 근원지이기 때문에 존재의 기본 조건인 풍요와 건강을 모두이룰 수 있다고 여겼다. 그렇기 때문에 무속의 제의는 코스모스에서 결핍된 존재요건인 풍요와 건강을 지속시키고자 하는 행위로 보았다. 카오스와 코스모스를 자유롭게 오갈 수 있는 것은 미분상태이기 때문이며 가능한 것이며 굿을 통해 존재의 근원지인 카오스에서 소망을 획득해 존재를 영구 지속시킬 수 있다고 믿었다. 존재의 근원을 카오스로 보고 카오스에서 코스모스로 갔다가 다시 카오스로 되돌아가는 순환이 반복되어 영원한 것으로 믿는 입체적인 존재 사고가 구축되었다.

5.3 가신신앙

가신신앙은 가택의 요소마다 신이 존재하면서 집안을 지켜준다고 믿고 그 신에게 행하는 의례를 말한다. 집은 조상이 대대로 살아온 곳으로 혈통이라는 전통이 머무는 장소이다. 그래서 집은 가문의 전통을 여는 곳으로 인간의 안락처이며 신성한 장소이다.

5.3.1 가신신앙의 종류[153]

(1) 성주신(成主神)

집안에서 제일 높은 최고신으로 가정의 길흉화복을 관장하는 신이다. 이 신은 집의 중심이 되는 마루의 대들보 밑이나 상기둥의 윗부분과 같은 집안의 중심부에 위치하고 있다.

성주신의 신체(神體)는 ①기둥의 상부에 백지를 접어서 실타래로 묶거나, ②백지를 막걸리로 추겨서 반구형이 되게 갖다 붙거나, ③보리와 쌀을 넣은 성주독을 마루 구석에 모신다.

성주신에 대한 제의는 집을 새로 짓거나 이사했을 때 이 신을 새로 봉안하는 의식이 있고, 매년 봄과 가을에 하는 안택고사가 성주신을 대상으로 이루어졌다.

그림 5.6 성주

(2) 조상신(祖上神)

조상신은 후손을 보살펴 주는 신이다. 이 신은 안방의 윗목 벽 밑인데 일정한 신체는 없다.[154] 차례때 조상상을 차려 제(祭)하고 햇곡식이 나며 성주신과 함께 기원한다. 굿을 할 때 조상상을 따로 차려 제하며, 별식이 나면 조상신에게 바친다.

이러한 조상신은 할매의 개념이 강하며, 농경 풍요를 기원하는 경우가 많다. 조상신의 특징은 ① 원초적 여신 관념, ② 김알지 신화의 황금궤[155], ③ 4대 봉사의 확장[156] 등으로 나타난다.

(3) 조왕신

조왕신은 삼신과 함께 육아를 담당하며 부뚜막 위에 있다. 조왕의 신체는 사기종지로서 종지에 정화수를 떠 매일 아침 주부가 물을 갈아주며 부뚜막 위에 모신다. 부뚜막은 조왕신의 자리여서 아무리 피곤해도 부뚜막에 걸터앉지 않는다. 또한 별식이 나면 한 그릇 올린다.

조왕신은 섣달그믐 무렵 하늘의 옥황상제를 찾아가서 지난 1년간 일을 고하는 임무를 맡고 있는 신이라서 부엌에서는 말조심을 해야 한다.

(4) 삼신

삼신은 아이가 태어나면 7세까지 보호하고 관장하는 신으로 안방의 아랫목에 자리하고 있다. 이 신의 신체는 지방에 따라 다른데 ①삼신자루 혹은 제석자루라 하여 백지로 자루를 지어 이 안에 백미 3되 3홉을 넣어 안방 아랫목 구석에 높직이 달아 매달아 놓기도 하고, ②삼신단지 혹은 삼신 바가지라 하여 백미를 바가지나 동이에 담아 물건을 얹어 놓는 선반인 시렁에 얹어 놓기도 한다. 삼신에게는 기자(祈子)와 육아 제의를 올리고, 차례에도 제를 올리며 별식이 나도 올린다.

(5) 터주신

터주신은 지신(地神)이라고도 하는데 집터를 맡아보며 집안의 액운을 걷어 주고 재복을 주는 신으로 여겼다. 터주는 집의 뒤뜰 장독대 옆에 터주가리를 만들어 모신다. 터주가리는 서너 되 들이의 옹기나 질그릇 단지에 벼를 담고 뚜껑을 덮은 다음 그 위에 짚으로 엮어서 원추형 모양을 만들어 덮은 것이다. 이 터주가리는 매년 햇벼가 날때마다 갈아 넣는데 이때 갈아낸 묵은 벼는 남을 주지 않고 가족들이 먹어야 한다. 남을 주면 복이 나가기 때문에 엄격히 금한다. 햇벼로 갈아 넣을 때 간단히 메를 지어 올리는 경우도 있다. 터주에게 올리는 제의를 특별히 지신제를 올리는 경우와 차례때 떡을 한 접시 바치는 경우가 있다.

그림 5.7 장독대와 터주

(6) 기타 가신

① 철륭신

장독대 신으로 간장과 된장을 살펴본다.

② 우물신(井神)

우물신은 물을 마르지 않게 한다.

③ 업신

광, 곳간과 같은 은밀한 곳에 머물러 있는 신으로 제복을 준다고 여겼다. 업신은 구렁이, 족제비, 두꺼비 등의 동물로 보았다.

④ 우마신

마구간에서 우마(牛馬)의 번식을 돌보아 주는 신이다. 보통 구멍 뚫린 돌을 매달거나 백지를 달아 놓고 신체로 삼는다.

⑤ 수문신

잡귀와 액살(厄煞)이 들어오는 것을 막아 준다고 믿었다.

⑥ 측간신

변소에 있는 측간신은 살(煞)을 걷어 준다고 믿었다. 일반적으로 긴 머리를 느리고 있는 여신으로 여겼다.

5.3.2 가신신앙과 여성

가신신앙이 곧 여성이다. 『삼국사기』와 『삼국유사』에 따르면 신라 제 1대 박혁거세부터 제 19대 눌지왕까지 왕비 또는 왕매(王妹)가 국가제를 주관했고, 사제들은 신모(神母)로서 국무적(國巫的) 존재로 보았다. 이처럼 여성은 생산의 주체로 농경국가에서는 신모 또는 지모신의 역할자였다.

성주를 섬기는 여성은 가정의 기둥이며, 가정의 경제와 안위를 짊어지고 있는 대주가 행여 화를 당하지 않을까 불안해 하는 현실에 대한 위기의식을 초월적인 존재인 성주에게 의지하여 해결하려는 종교적 심성을 드러낸다.

남성들이 유교식 가례의 주체로서 종교생활을 영위하였다면 여성은 가신신앙이라는 신앙형태를 통해 종교생활을 하고 있었다. 부계중심의 가족제도를 특징으로 하는 전통사회에서 부계혈통의 가문이 번창하여 계승되는 것은 가문의 자랑이다. 그렇기 때문에 부권적 사회제도 아래에서 여성으로서의 위치를 수호해 주는 구실을 여성이 찾은 것이다.

가신신앙은 전통사회라는 난관을 극복하는 매개체 구실을 한 것이다. 여성은 가신신앙의 주체자로서 역할을 수행하여 승화된 신앙심과 전통사회에서 여성으로서의 지위를 확보해 가기도 했다. 여성신앙으로서의 가신신앙은 근대사회에 와서도 이어지는데 다만 오늘날 가신신앙의 단절과 퇴색, 축소에 따라 여성신앙으로서의 성격 또한 희석된 모습을 볼 수 있다.[157]

5.4 마을신앙

마을신앙은 마을에서 수호하는 신을 마을 신당에 모셔놓고 제액초복을 위하여 해마다 마을 공동의 의례로 진행하였다. 이런 역사는 삼한시대 부여의 영고, 고구려의 동맹, 동예의 무천, 삼한의 국중대회 등 제천의식을 통해 그 흔적을 찾을 수 있다. 의례 중 형벌과 옥사를 중단하고 죄수를 풀어주며 하늘에 제를 올리고, 단합된 모습으로 행사를 진행했다. 삼국시대 마을신앙은 고려시대 팔관회로 이어졌다. 팔관회는 고구려의 동맹, 신라의 전사자 위령제와 토속자연신제 등을 계승하여 불교 색채를 가미했던 국가 종교적 대제의로 국가연중행사형태로 추진되었다. 더불어 고려시대에는 민간에서도 하회별신굿 탈놀이[158]와 같은 가면극을 진행하며 동제를 통해 전 계층이 모두 즐길 수 있었다. 유교국가인 조선시대에는 숙종대 제주목사 이형상이 1년간 목사로 재임하면서 서낭당이나 불교관계 건물 130여개를 불질러 버리고 무당 400여명을 귀농 조치시켰다. 한양에서 멀리 떨어진 제주도에서 이 정도였으니 다른 곳은 어땠는지 미루어 짐작할 수 있다.[159] 이처럼 강한 탄압을 통해 음성적으로 마을신앙이 행해질 수 밖에 없었다. 일제강점기 조선총독부 촉탁 무라야마 지쥰[160]은 우리나라의 마을신앙을 특징을 다음과 같이 정리하였다. ①일본신도와 비슷하고, ②고대모습을 보존하고 있으며, ③지역차가 적고, ④현실적인 재액초복의 의미를 내포하고 있으며, ⑤민중심성을 개발하고, ⑥향토오락성을 지니고 있고, ⑦성씨분열을 통합하고, ⑧심신을 정화할 수 있다고 보았다.

마을신앙은 부족국가시대 이후 유구한 전통으로 일하는 농민의 것이며, 지역적 단합과 화목을 도모하여 이를 즐기는 민중의 축제라 여겼다.

5.4.1 마을신앙의 형태와 종류

(1) 마을신

마을신앙에는 명칭상 43종이나 계통적으로 천신(天神), 일신(日神), 성신(星神), 산신(山神), 수신(樹神), 지신(地神), 수신(水神), 인신(人神), 사귀(邪鬼) 등의 9개 주신으로 모셨다. 이 신은 위계가 있어 그에 따라 신당의 위치가 다르다. 천신, 일신, 성신, 산신은 가장 높은 위계에 해당하고 그 신당의 위치는 산의 정상이 된다. 그 다음은 수신, 지신, 수신, 인신인데 그 당의 위치는 언덕이나 동네 입구, 농경지대이다. 사귀는 그 위계가 가장 낮아 마을에서 외떨어진 곳에 위치한다.[161]

한편, 마을신은 자연신계통으로 천신, 산신, 산신령, 칠성신, 지신, 서낭신, 용신, 국사신, 도당신, 토지신 등이 있고, 인신계통으로 단군신, 공민왕신, 태조대왕신, 김유신장군신, 최영장군신 등이 있다.

마을신은 모두 사람의 모습을 한 인태(人態)로 현현하면서 동민들을 보살펴 주는 존재로 마을을 보호하기 위해 밖에서 들어오는 잡귀, 액살, 재앙을 막아 마을 사람들이 잘 살 수 있도록 보살펴 준다고 믿었다.

(2) 마을신당의 형태

마을신당의 형태는 당나무만 있는 것을 그냥 당(堂)이라 부르는 신수(神樹), 신수 밑에 장병형의 자연석으로 된 제단형태, 돌무더기 형태, 신수 밑에 당집에 있는 형태, 당집보다 건물 큰 전각이 있는 형태로 나타난다.

지역에 따라 마을의 배후 높은 산정에 국수당[162], 그 산 중턱에 산신당[163], 마을 동구 서낭당[164], 그 옆에 장승[165] 및 솟대[166]가 마을신으로 존재하고 있다. 즉, 하늘에 가장 가까운 곳에 국수당을 마련해 천상의 신을 지상에 모셔 마을을 보살펴 주게 하고 이후 그와 같은 산 전체가 신성하게 여겨지면서 신격이 형성되어 산신을 신앙하게 되었고, 이와 같은 산신을 동구에 모시는 서낭신앙이 형성되어 밖으로부터 들어오는 잡귀와 액운을 막아내려 했던 것이다. 천상의 신이 최초로 지상에 내려와 정착하는 단계가 국수당이고 그 연장선상에서 산신당, 서낭당 신앙이 형성된 것으로 볼 수 있다.

5.4.2 동제

(1) 동제의 목적과 형태

동제는 마을신앙을 실천적으로 표상화한 것이다. 농촌에서 풍년 기원과 재해방지, 어촌에서는 풍어와 해상사고 방지를 주목적으로 하며, 도시와 그 주변 지역에서는 화재와 질병 없이 마을 전체가 평안하게 살 수 있도록 기원한다. 즉, 내륙에서는 마을의 안녕과 풍농을 기원하는 풍농제, 어촌에서는 마을의 안녕과 풍어를 기원하는 풍어제를 지낸다.

동제의 시기는 춘추제로 올리는 곳도 있으나 대체로 정초에 날을 잡아 하거나 정월 14일 밤 자정을 기해서 하는 것이 통례이다. 해안지방의 풍어제, 용신제, 별신굿의 경우 예외가 되어 특별히 날을 잡아 하기도 한다. 혹은 인신을 동신으로 모시는 마을은 인물의 탄신일이나 기일에 제를 올린다.

동제는 산고사, 동고사, 별신굿, 장승제, 용궁맞이, 풍어제 등 그 지역의 생태적인 조건에 따라 다양한 이름으로 치러진다. 그 제의 방법 역시 마을 사람이 제관이 되어 행해지는 당제와 무당과 같은 전문적인 사제자가 참여하여 행해지는 당굿이 있다.

당제는 마을에서 동회를 열어 제관을 선출하여 동신당에 제를 올리는 것이고, 당굿은 무당을 불러다 굿으로 동신에게 제의를 올리는 것이다. 당제는 초헌, 아헌, 종헌의 삼헌과 독축으로 유가의 제례에 준하고 당굿은 재래의 무속제의이다.

(2) 동제의 절차

유교적 동제의 절차는 다음과 같다.

① 동제를 지낼 때는 제를 지내기 두 이레(14일) 또는 세 이레(21일) 전에 마을에서 대동회를 개최한다.

② 생기복덕(生氣福德)을 가려 정결한 원로를 제관으로 뽑는다. 제관은 대체로 헌관, 집사, 축관 3인 정도이다.

③ 헌관(獻官)이 도가(都家)가 되어 제수(祭需) 일체를 장만하고 금줄치고 황토를 펴서 사람들의 출입을 금지시키고 목욕재계하면서 금기를 지키고 마을 주민들은 마을의 대동샘을 퍼내고 금줄을 쳐서 마을 안을 정화시킨다.

④ 새로 고인 대동샘물을 길어다 제주(祭酒)인 조라를 담아 신당(神堂) 안에 빚어 앉혔다가 제일(祭日)이 되어 당주가 장만한 제수와 더불어 진설하고 제관이 초복, 아헌, 종헌, 독축으로 제의를 마치고 음복(飮福)하는 것으로 제를 마친다.

대개 위와 같은 제사형 제의는 소규모 약식 마을제이고 보다 규모가 큰 마을제는 여기에 당굿을 곁들여 제를 지낸 다음 줄다리기를 한다. 당굿일때는 주민들 모두 참여할 수 있으나, 제관들의 제사때에는 마을 주민 누구나 참여할 수 없고 금기가 심한 동제의 경우에는 제수까지도 여자가 장만하지 못하는 경우도 있다.[167]

한편, 무당굿으로 동제를 지낼 경우에는 다음과 같이 지낸다. 제관을 선정하고 금기를 지키며 추렴과 무당 청하기 등의 준비를 한다. 이후 무당 굿을 통해 신과 인간의 만남이 이루어진다. 즉, 신을 불러오는 청신(請神), 신을 즐겁게 해주는 오신(娛神), 신을 보내는 송신(送神) 등을 행한다.

5.4.3 마을신앙의 의미[168]

(1) 지연(地緣)

마을신앙은 지연을 중심으로 한 생활 공동체인 촌락사회에 지연을 강화할 수 있는 기능을 하고 있다.

(2) 사회 보호

마을이라는 사회를 효율적으로 강화하기 위한 행위가 마을신앙이다.

(3) 권위 부여

마을신앙은 일상적인 사실을 성화(聖化)하고 의례화하여 제도적인 권위를 부여하는 힘을 가지고 있다. 이는 성스러운 날, 장소, 사람의 존재를 상징적으로 설정하여 정형화한다는 의미이다.

(4) 불안 극복

마을의 불안을 전체적으로 극복하고자 하는 신앙의 발로이다.

(5) 통합 원리

지연 중심의 작은 마을 단위에서 사는 사람들에게 유용한 통합원리로 작용된다.

5.4.4 마을신앙의 기능

(1) 신성성

마을신앙을 행하는 기간 동안 외부인 출입을 금지하기 위하여 어귀에 금줄을 치고 제관은 신년 첫 출발 순간에 경건히 신전에 머리 숙이며, 예를 행한다. 또한 임신한 부인을 타 지역에 보내고 초상이 나면 동제를 금한다.

(2) 통합성

제사 후 음복을 하며 신성한 제신의 덕을 이어 받는 것이다. 이는 동족 결합이 강한 조선시대 성족을 초월한 친목의 기회를 제공하며, 건전한 생활을 유지할 수 있다.

(3) 정치성

마을신앙을 진행하며 음복 후 노역, 상호 부조문제 등을 논의하는 대동회를 개최하며 나름의 촌락사회의 정치유지를 하고 있다.

(4) 축제성

제비추렴을 통해 농악대를 구성하여 풍년기원을 하며, 놀이를 비롯한 단합행사를 마을주민 대다수가 참가하여 합동축제로 진행한다.

(5) 예술성

마을신앙에는 농악, 가면놀이 등 중요한 집단예술 욕구를 표현하여 별신굿, 무당굿, 가면극 형태로 나타난다.

5.5 점복신앙

5.5.1 점복(占卜)의 개념

(1) 사서 속 점복[169]

① 『사해』

점은 길하고 흉한 조짐을 보는 것인데 그 조짐을 보는 것은 거북점을 가리키는 것이다. 복은 거북껍질을 불에 구워 종횡으로 갈라진 형상을 보고 조짐을 아는 것이다.

② 『사원』

점은 길하고 흉한 조짐을 보려는 것이다. 복은 거북에게 묻는 것으로 그것은 거북을 불에 구워 조짐을 보고 길흉지사를 알려는 것이다. 모든 조짐을 미리 아는 것은 다 복이다.

③ 『설문해자』

옛 사람들은 다가올 길흉지사를 미리 알기 위해 거북을 불에 구워서 그 조짐을 알려고 했기 때문에 그런 일을 가리켜 복이라 한다.

④ 『주례』

복자는 점복을 위한 행위나 현상론적 차원을 말하며, 점은 그 의미를 파악하고자 하는 인식론의 차원이라 할 수 있다.

(2) 점복 의미

점은 거북껍질에 나타난 조짐을 보고 앞날의 좋고 나쁨을 미루어 아는 것이고, 복은 거북을 불태워 갈라지게 하는 것이다. 이른바 거북점의 선후 관계를 나타낸 말로 국가나 사회문제를 해결하고자 했을 때 신령하다고 여겼던 거북이 등껍질을 이용하여 점을 쳤던 것이다. 즉, 점은 자연 현상을 보고 점을 치고, 복은 인위적 현상을 만들어 보는 점이다.

점복	수단과 방법 : 불때다	해석과 이해 : 읽어내다
	인위적	자연적
	신의 뜻을 얻으려는 행위	나타난 신의 뜻을 풀이하는 일
	현상	인식
	복	점
	신의 뜻이 담긴 징표를 찾아내고 이를 해석하여 풀이하다	

5.5.2 점복의 종류[170]

(1) 사주팔자

사주(四柱)는 사람이 타고난 생년월일시(生年月日時)를 의미한다. 팔자(八字)는 사주에 천간(天干; 갑(甲), 을(乙), 병(丙), 정(丁), 무(戊), 기(己), 경(庚), 신(辛), 임(壬), 계(癸)) 4자와 지지(地支; 자(子), 축(丑), 인(寅), 묘(卯), 진(辰), 사(巳), 오(午), 미(未), 신(申), 유(酉), 술(戌), 해(亥)) 4자를 결부시켜 합한 수를 말한다. 예를 들어 갑자(甲子)년 병인(丙寅)월 갑인(甲寅)일 무진(戊辰)시라고 말하며 팔자에 숫자를 계산하여 얻은 수를 64괘 및 368괘에 조합하여 운명길흉을 판단하는 점법이다.

연주(年柱)는 뿌리라고 하여 조부모자리이며 초년으로 보고, 월주(月柱)는 싹이라 하여 부모 또는 형제자리이며 중년으로 본다. 일주(日柱)는 꽃이라 하여 자신, 배우자자리이며 장년으로 보고 시주(時柱)는 열매라고 하여 자손자리이며 말년으로 본다.

(2) 관상

관상은 사람의 안면, 골격, 수족 등의 형상, 주름, 안면의 표정, 음성 기타 신체의 거지(擧止)와 동작에 이르기까지 그 특징을 보아 그 사람의 성격과 심정을 판단한다. 관상에는 신체 각 부위에 대하여 각각 운명을 나타내는 것으로 되어 있다.

(3) 작명(作名)

성명의 성은 부모를 상징하고 중간자는 본인, 마지막 이름자는 자손이기에 외자 이름은 삼간다. 성명은 사주와 함께 이름에 의해 그 사람의 운명이 결정된다고 믿

그림 5.8 당사쥬보는 사람

그림 5.9 복자졈치고

는다. 그러므로 이름을 지을 때에는 그 사람의 사주에 맞도록 잘 지어야 한다고 말한다. 또한 이미 지어진 이름이 사주와 맞지 않아 좋지 않을때에는 부적을 쓰거나 개명을 하여 운명을 바꿔야 한다고 말하고 있다.

(4) 토정비결

토정비결은 조선시대 중기 학자인 토정 이지함이 지은 도참서(圖讖書)로 개인 사주(四柱) 중 태어난 연, 월, 일 세 가지로 육십갑자(六十甲子)를 이용하여 1년 동안의 신수를 열두 달별로 알아보는 방식이다. 흔히 볼 수 있는 내용은 '뜻밖에 귀인이 내방하여 길한 일이 있다.', '구설수가 있으니 입을 조심하라.', '봄바람에 얼음이 녹으니 봄을 만난 나무로다.' 등과 같이 주로 부귀 · 화복 · 구설 · 가정 등 개인의 길흉화복이 중심을 이루고 있다.

(5) 풍수지리

땅을 점치는 복지(卜地)의 풍수사상은 대길을 얻을 수 있는 땅이 명당이 되며 그러한 명당을 얻고자 하는 인식론적 행위가 상지법(相地法), 복지점(卜地占)이라

그림 5.10 산도[171]

한다. 풍수지리로 보는 점은 방위와 산세를 중시하며, 인간이 살아가야 할 집의 선택과 죽고 난 뒤에 묻힐 장지에 따라 그 집에 살고 있는 사람과 그 후손에게 길흉화복(吉凶禍福)의 영향을 미친다고 생각하였다.

(6) 몽점[172]

몽점은 꿈을 통해 인간의 미래사를 점복하는 것이다. 꿈이 곧 미래에 전개될 어떤 사건의 전조라 믿고 그 꿈의 내용을 해석하여 미래를 점치고 대처하고자 하는 것이다. 학자마다 몽점에 대해 다른 견해를 갖고 있다.

조선시대 실학자 이익은 꿈이란 꿈꾼 사람의 정신이 감촉되어 생각이 지어짐에 따라 나타나는 현상이라고 하였다. 꿈에 대한 이와 같은 이익의 해석은 동양의 이기철학(二氣哲學)에 근거한 것이다. 즉, 귀신이라는 것은 기(氣)의 작용인데, 상대방의 기가 꿈꾸는 사람의 마음과 접촉하여 허다한 환상을 만들 수 있다는 것이다. 홍순래는 꿈을 "인간의 정신활동의 산물로써 무한한 잠재 기능성을 지니고 있는 초자아와의 만남의 세계로 나아가는 길"이라고 정의하고자 한다. 곧 꿈은 "무한한 가능성을 지니고 있는 초자아인 잠재의식의 정신활동"이라고 정의하였다. 또한 현오 스님은 "꿈은 미해결 관심사를 예지하는 마음의 작용이라고 정의할 수 있으며, 해결된 일은 꿈을 꿀 필요가 없기에 꿈꾸지 않는다."고 하였다. 이처럼 학자들마다 서로 다른 견해를 보이고 있으나, 모두 꿈의 신비성에 대하여서는 부정적이지 않다.

06 유교 문화유산

6.1 유교 문화유산

6.1 유교 문화유산

6.1.1 유교의 유입과 확대[173]

우리나라는 이미 진국(辰國)시대부터 유교가 전래되었을 것으로 추측된다. 기원전 3세기에서 2세기까지 한반도 중남부지역에 위치한 정치세력인 진국은 중국의 한나라와 직접적인 통교(通交)를 희망하는 국서(國書)를 보낼 정도로 한자를 사용하고 있었기 때문에 한자 문화의 수용은 곧 유교문화의 수용으로 이어졌을 것이다.

본격적으로는 4세기경 삼국시대 귀족사회의 질서를 유지하기 위하여 유교를 통치이념을 삼았고,[174] 삼국통일 이후 신라에서는 6두품에 의해 유교가 학습되어졌다. 682년 국학을 설립하여 『논어』와 『효경』을 가르쳤고, 788년 독서삼품과를 실시하여 유교적 소양을 갖춘 인재를 선발하였다.

이후 고려에서 유교는 더욱 확대되었다. 고려를 세운 왕건은 불교를 건국이념을 삼았지만 유교와 도교 등의 사상도 상호 교섭하며 발전할 수 있는 기틀을 마련하였다. 이는 훈요 10조에 잘 나타난다.

〈훈요 10조〉

1. 불교를 숭상하고, 사원의 폐단을 엄단하라.
2. 사원을 함부로 짓지 말라.
3. 장자가 왕위 계승을 하되, 어질지 못하면, 신망있는 자에게 정통을 잇게 하라.
4. 고려의 특성에 맞게 예악을 발전시켜라.
5. 지맥의 근본인 서경을 중시하여라.
6. 연등(燃燈)과 팔관(八關) 등을 소홀히 하지 말라.
7. 백성들의 신망을 얻고 신상필벌을 확실히 하라.
8. 소백산맥 이남의 지방은 산세가 거꾸로 달려 역모의 기상을 품고있으니 결코 그 지역 사람을 중히 쓰지 말라.
9. 백관의 녹봉을 제도에 따라 마련했으니, 함부로 증감하지 말라.
10. 경전과 역사를 널리 읽어 온고지신의 교훈으로 삼아라.

특히, 훈요 7조, 9조, 10조는 그중에서도 유교적 사상이 가장 많이 내포되어 있다.

훈요 7조 임금이 신민의 마음을 얻는다는 것은 매우 어려우나, 그 요체는 간언(諫言)을 받아들이고 참소를 멀리하는 데 있으니, 간언을 좇으면 어진 임금이 되고, 참소가 비록 꿀과 같이 달지라도 이를 믿지 아니하면 참소는 그칠 것이다. 또, 백성을 부리되 때를 가려 하고 용역과 부세를 가벼이 하며 농사의 어려움을 안다면, 자연히 민심을 얻고 나라가 부강하고 백성이 편안할 것이다. 옛말에 "향긋한 미끼에는 반드시 고기가 매달리고, 후한 포상에는 좋은 장수가 생기며, 활을 벌리는 곳에는 새가 피하고, 인애를 베푸는 곳에는 양민이 있다"고 하지 아니하였는가. 상벌이 공평하면 음양도 고를 것이다.

훈요 9조 무릇 신료들의 녹봉은 나라의 대소에 따라 정할 것이고 함부로 증감해서는 안 된다. 또 고전에 말하기를 "녹은 성적으로써 하고 임관은 사정으로써 하지 말라"고 하였다. 만일 공적이 없는 사람이거나 친척과 가까운 자에게 까닭 없이 녹을 받게 하면 백성들의 원성뿐만 아니라 그 사람 역시 복록을 오래 누리지 못할 것이니 극히 경계해야 한다. 또 이웃에 강폭한 나라가 있으면 편안한 때에도 위급을 잊어서는 안 되며, 항상 병졸을 사랑하고 애달피 여겨 요역을 면하게 하고, 매년 추기(秋期) 사열(査閱) 때에는 용맹한 자에게 마땅히 (계급을) 승진시킬지어다.

훈요 10조 국가를 가진 자는 항상 무사한 때를 경계할 것이며, 널리 경사(經史)를 섭렵해 과거의 예를 거울로 삼아 현실을 경계하라. 주공(周公)과 같은 대성도「무일(無逸)」(안일, 방심하지 말라는 글) 1편을 지어 성왕(成王)에게 바쳤으니, 이를 써서 붙이고 출입할 때마다 보고 살피라.

이후 4대 광종대에 이르러 호족에 짓눌렸던 왕권을 강화하기 위해 노비안검법[175]과 과거제를 실시했다. 특히, 과거제는 학식에 기준을 두고 인재를 선발 국가시험으로 유교적 정치이념의 확립이란 측면에서 문치주의(文治主義)의 핵심이다.[176]

게다가 성종대에는 당송의 제도를 도입하여 중앙정치기구를 개편 및 신설하면서 정치일선에서 유학자의 역할을 중시하였다. 이때 유학자인 최승로는 시무 28조를 작성하여 유교를 장려할 것을 주장하였다.

표 6.1 시무 28조

부문	조목	내용
국방 관계	1	국방비를 절감해야 할 것.
불교 관계	2	공덕재를 왕이 직접 베풀지 말 것.
	6	사찰의 고리대업을 금지할 것.
	8	승려 여철을 궁궐에서 내보낼 것.
	10	승려가 역관에 유숙하는 것을 금지할 것.
	16	사찰을 마구 짓지 못하게 할 것.
	18	불상에 금 · 은을 입히지 못하게 할 것.
	20	불교는 몸을 닦는 근본이고, 유교는 나라를 다스리는 근원이므로 불교의식인 공덕과 유교 통치 행위인 정사를 균형 있게 할 것.
사회 문제	4	관리를 공정히 선발한다.
	7	지방관을 파견할 것.
	9	신분에 맞추어 복식을 입게 할 것.
	12	섬사람들의 공역을 줄여 줄 것.
	15	궁궐에서 일하는 노비 수를 줄일 것.
	17	신분에 따라 가옥의 규모를 맞추게 할 것.
	19	삼한 공신의 자손에게 벼슬을 줄 것.
	22	노비의 신분을 엄격히 규제해서 미천한 자가 윗사람을 욕하지 않게 할 것.
왕실 관계	3	왕실을 호위하는 군졸 수를 줄일 것.
	14	왕은 신하를 예로써 대우할 것.
중국 관계	5	중국과의 사사로운 무역을 금지할 것.
	11	예악(禮樂)을 비롯한 유교 도리는 중국 문물을 본받더라도 의복 등은 우리(고려) 풍속에 따를 것.
토착신앙 관계	13	연등회 · 팔관회의 규모를 줄이고, 의식에 사용하는 인형을 만들지 못하게 할 것.
	21	음사(淫祀)를 제한할 것.

이 건의안을 작성한 최승로가 바라는 사회는 유교 이념에 따라 통치 질서가 확립되고, 왕을 존중하되 왕이라 하더라도 신하의 권리를 함부로 침범하지 않는 사회였다. 그 결과 성종은 최승로의 건의를 받아들여 연등회와 팔관회를 폐지하고 원구단[177]을 설치하여 하늘에 제사를 지내는 한편 농사의 시범을 보이는 적전례(籍田禮)[178]를 실시하였고, 국자감[179] 중수 및 전국 12목에 경학박사(經學博士)를 파견하

여 유학를 장려하였다.

한편, 국자감 창설 이후에 고려는 3차례에 걸쳐 거란의 침입을 받는 등 잇따른 변란으로 많은 서적들이 소실되었고 재정난까지 겹쳐 관학이 부진하였다. 이러한 상황 속에 당시 학자들 중 가장 명망이 높았던 최충은 우리나라 최초의 사학(私學)을 건립하여 많은 인재를 양성하였다.[180] 이때 사학 교육의 특징은 훈고학의 경향에서 벗어나 철학적·윤리적 경향을 띄었다. 최충의 사학에 영향을 받아 11개의 사학이 더 생겨나게 되었으니, 이를 사학 12도(私學十二徒)라 불렀다. 이들 사학은 귀족자제들의 과거급제를 위한 예비학교적 성격을 띠었고 고려 말기에 폐지되기 전까지 300년 넘게 부진한 관학을 대신해 유교 발전에 기여하였다.

이후 예종과 인종대에 유교는 더욱 발달하였다. 예종은 국학내에 칠재(七齋)를 설치하고 청연각, 보문각, 천장각, 임천각 등의 학문연구소를 두어 『정관정요언해서』, 『편년통재속편』, 『해동비록』 등의 서적을 편찬하며, 유교를 장려하는 제반 조치를 실시하였다.[181]

이처럼 고려 중기의 유교는 학술적 이해가 깊어지고 그 철학적 바탕까지 탐구하려는 노력이 이루어졌다.

6.1.2 성리학[182]의 도입

고려는 무신정권기를 겪으면서 문벌귀족이 몰락하였고, 관학이 부진하면서 유교는 한동안 크게 위축되었다. 이런 현실에 대한 각성으로 유교부흥을 위한 새로운 활동이 필요하였고, 이는 성리학이라는 심화된 유교의 도입으로 이어지게 되었다.[183] 즉, 충렬왕대 안향(安珦)[184]은 1289년 충렬왕 15년 세자를 따라 연경에 갔다가 새로운 유교인 주자의 저술서를 접하고 이를 가져와 성리학을 국내에 소개하며 후진양성에 힘을 기울였다. 이때 불교와 도교가 지나치게 허무한 공적의 세계를 추구하고 있음을 비판하면서 유교가 학문의 근본이 되어야 한다고 주장하였다. 안향에 의해 도입된 성리학은 백이정, 이제현, 이곡, 이색 등에 의하여 연구되었고, 정몽주에 의하여 더욱 꽃을 피우게 되었다.

고려 말기에는 승려들의 권위 강화 및 사찰경제 부패로 인하여 불교계 부패상이

두드러지고 있었다. 이에 성리학을 도입한 유학자들은 배불론(排佛論)을 제시하였지만 불교 그 자체에 대한 비판보다는 불교 사회적 경제적 폐단에 대하여 비판하였다. 하지만 불교도의 비행뿐만 아니라 불교 자체를 부정하고 불교를 망국과 멸륜(滅倫)의 종교로 규정함으로써 불교에 대한 근원적인 비판을 가한 이색, 정몽주, 권근 등도 있었다.[185] 이에 불교계에서는 적극적인 논리나 이념의 개발을 통해서 성리학의 공세에 대응하기 보다는 사실상 불교 우위의 유불일치를 표방하는 소극적인 대응을 하였다.

당시 유학자 중 정몽주와 정도전은 격동기에 교리적인 측면에서 불교를 배척하고 유교입국의 이념을 추구했다는 점에서는 같지만, 고려에서 조선으로 넘어가는 왕조 교체기에 대한 입장은 정반대였다. 정몽주는 '동방 이학(理學)의 시조'라는 칭송을 들을 정도로 성리학에 깊은 조예가 있었다. 그는 고려 말 친원파와 친명파의 대립 시 중국을 존중하고 오랑캐를 배척해야 한다는 화이론(華夷論)을 내세우며 친명파를 주도했다. 그의 중화(中華) 존중론은 사대주의라는 비판을 받기도 하지만 중국 중심의 전통사회에서 유교 의리론(義理論)은 가장 중대한 규범이었다. 그는 명분과 의리를 중시해 고려에 끝까지 충절(忠節)을 지키다 순사(殉死)했기 때문에, 조선의 사림은 충절을 대표하는 인물로 정몽주를 추앙하였다.

반면 실리와 현실을 중시했던 정도전은 이성계의 위화도 회군을 계기로 역성혁명을 부르짖으며 조선의 건국 과정에 깊이 관여하였다. 그는 자신의 유교적 식견을 바탕으로 유교적 이상국가를 건설하고자 했으며, 새 왕조의 사상적·제도적 기초를 다지는 데 공헌했다. 그가 수행한 역할은 크게 두 가지로 나누어 볼 수 있다. 하나는『조선경국전』과『경제문감』등 유교이념에 기반을 둔 사회제도의 틀을 제공한 것이다. 다른 하나는『심기리편(心氣理篇)』과『불씨잡변(佛氏雜辨)』등의 저술을 통해 불교적 전통을 개혁하기 위한 이론을 제공하여 유교이념의 정립 기반을 다졌다는 것이다.

위와 같이 고려 말기 유교인 성리학은 신진사대부라 지칭되는 인물들을 정치일선으로 나오게 하는 원동력이 되었다. 즉, 고려 말기 유학자들은 성리학을 받아들이고 자존의식과 주체의식을 세우며, 경세사상(經世思想)을 갖고 정치적 진출을 꾀하였다. 유학자는 어려서 독서하고 사물의 이치를 궁구하며 천하의 일을 밝게하며 장년이 되어서는 가정뿐만 아니라 천하에까지 배운 바를 펼쳐 임금을 섬기고 사물을 다스려 민을 이롭게 하고 풍속을 바르게 해야 한다고 하였다. 결국 고려 말기 유학자들은 성인이 되어 현실에 대한 책임의식을 자부하는 적극적인 현실참여론을 개진하였다. 이들은 당시의 시대적 상황과 관련하여 관리의 횡포와 자의적인 수탈로 민의 재생산 기반이 위협받아 민의 유망이 빈번하므로 유교적 지식에 충실한 합리적인 인물인 자신들이 정치에 참여하여 관리가 되어야 함을 주장하였다.[186]

6.1.3 유교의 특징

각종 외래사상 중 가장 한국적인 가치관의 형성에 큰 영향을 미치고 있는 이념은 유교이다. 유교는 효를 바탕으로 하는 가족적 도덕에서 출발하여 사회질서를 정립하는 수신제가치국평천하(修身齊家治國平天下)[187]라 할 수 있다. 인간 중심적 실천규범으로 합리적 정신과 윤리주의를 형성하고 있는 사상이다. 유교가 지니고 있는 특징적인 윤리 문화는 한국의 보편적 가치로서 인정되었고, 그 중심을 이루는 것은 충과 효이다.[188]

이와 같은 유교이념은 인륜의 질서를 중요시하고 개인을 그 속에 포함시켜 생각함으로서 사람이 사람다워야 한다는 기본적인 윤리관을 강조하였다. 특히, 조선의 권력 주체자들은 충 · 효를 중심으로 인륜을 내세워 군신과 가족사이에서 위계적인 질서규범을 강조하며 그에 따른 교육을 강화하였다.[189]

또한, 유교의 큰 특징은 제례의식으로, 그 대상에 따라 분류하면 천지와 조상, 성현에 대해 예를 갖추어 공경하는 마음을 올리는 제사(祭祀)가 있다.

유교에서 제사는 사회적 신분계층에 따라 천제(天祭)는 천자(天子)만이 지내고, 사직(社稷)은 제후 이상의 제사 대상이며, 종묘(宗廟)도 제후 이상이 제사할 수 있고, 사대부 이하의 조상에 대한 제사도 장자만이 드릴 수 있고, 차자(次子) 이하는 직접 제사를 드릴 수 없는 신분의 차등을 두었다. 이러한 계층 및 서열에 따른 구별은 하나의 공동체 내부에서 예의 기본개념인 질서규범을 확립하는데 근본의미가 있었다.

즉, 천자만이 천에 제를 올림으로써 천하가 하나의 중심으로 질서를 갖게 되는 것이며, 조상에 대한 제사는 장자를 통하여 제를 올릴 때에 가족사회가 서열을 중심으로 질서를 갖게 되는 것이다. 이처럼 유교의 제례는 평면적 집단을 넘어서 통일된 구심적 조화와 질서의 공동체를 구성하고 유지하는데, 그 기능적 의미를 가지며, 유교사회가 긴 역사를 통하여 전통을 유지할 수 있었던 것이라 할 수 있다.

6.1.4 유교 문화유산

유교의 원리는 예를 기반으로 민중교화에 이바지하였으나, 종적인 상하관계를 중심으로 한 이념 때문에 서열과 권위에 대한 맹종을 가져오기도 했다. 결국 계층 및 서열에 따라 예를 기본 개념으로 형성한 유교의 질서규범은 유교 문화유산인 각종 건축물에 그대로 표현되었다.

향교와 서원 등의 유교 건축물은 유교이념을 바탕으로 위계성을 유지하며 공간과 건물에 그대로 나타냈다. 즉, 향교와 서원의 기능과 용도 및 성격에 따라 진입공간 → 본공간(강학공간) → 승화공간(문묘공간)의 위계로 공간이 형성되어 있고, 건축물 역시 내 · 외삼문 → 동 · 서재 → 동 · 서무 → 명륜당과 누각(풍화누) → 대성전의 위계로 건축물이 축조되어 있다.

이상의 내용을 바탕으로 향교와 서원의 건축물 위계성을 정리면 다음과 같다.

첫 번째, 상하(上下)이다. 수직적인 위계로 유교 예제의 높고 낮음을 나타내는 상하서열의 형식이다. (예 : 평지의 전묘후당(前廟後堂)의 배치, 경사지의 전당후묘(前堂後廟)배치)

두 번째, 전상후하(前上後下)이다. 동등한 위치에서 앞이 뒤보다 위계가 상위임을 나타내는 형식이다. (예 : 평지의 전묘후당의 배치, 주 건물의 측면 중심선이 부건물의 측면 중심선 보다 뒤에 위치)

세 번째, 고상저하(高上低下)이다. 높낮이의 단 차이를 이용하여 높은 곳이 낮은 곳 보다 위계가 상위임을 나타내는 형식이다. (예 : 높낮이의 단차를 두고 위계적으로 조영, 전당후묘, 좌묘우당(左廟右堂), 좌당우묘(左堂右廟)에서 건물기단의 높낮이나 단차를 이용한 배치)

네 번째, 우상좌하(右上左下)이다. 우측이 좌측보다 위계가 상위임을 나타내는 상하의 질서와 음택풍수(陰宅風水)[190]의 우남좌여(右男左女)에 따른 위계형식이다.(예 : 좌당우묘의 배치)

다섯 번째, 좌상우하(左上右下)이다. 좌측이 높고 우측이 낮다는 양택풍수(陽宅風水)[191]에 의한 위계 형식이다. (예 : 좌묘우당의 배치)

여섯 번째, 선상후하(先上後下)이다. 시간차에 따른 위계로서 상위의 것을 먼저 진행하고 하위의 것을 나중에 진행하는 형식이다. (예 : 대성전을 먼저 축조하고 이후 명륜당 축조)

일곱 번째, 대상소하(大上小下)이다. 큰 것이 상위이고 작은 것은 하위임을 나타내는 형식이다. (예 : 주건물과 부속건물의 규모, 양식, 구성양식 등을 차등하는 것)

여덟 번째, 건물명칭이다. 건축물의 명칭은 공간의 성격과 기능을 의미하는 한자로 표현하여 위계를 형성하는 것이다. (예 : 문(門)<누(樓)<재(齋)<당(堂)<무(廡)<전(殿) 등과 각(閣)<대(臺)<누(樓)<실(室)<재(齋)<당(堂))[192]

(1) 향교

향교는 공자와 그 제자들을 봉사하고, 양반 자제들의 교육을 담당하였던 곳으로, 고려시대 1127년 인종 5년에 처음으로 향교가 설립되었다.[193] 그러나 선현의 향사기능과 함께 유교이념의 보급을 위한 향교의 본격적인 설립은 숭유배불정책과 지방교육정책을 기본으로 하는 조선시대에 들어와서 많아지기 시작하였다.

조선시대 1398년 태조 7년 중앙에는 성균관을, 지방에는 향교를 두었고, 1411년 태종 11년에는 중앙의 향교라 할 수 있는 오부학당을 두었으나 1455년 세종 27년에 북부학당을 폐지하여 동, 서, 남, 중학의 사부학당[194]만이 남아 중앙의 양반자제를 교육하였다.[195]

향교의 기능은 첫 번째, 공자 이하 성현을 모시고 제사를 올리는 선현봉사의 문묘기능, 두 번째, 공자의 유교이념을 받들어 유생을 모아 교육을 통하여 인재를 양성하는 강학기능, 세 번째, 유교이념에 의한 지역사회의 민풍과 민중교화의 기능을 가지고 있다.

이를 위하여 문묘의 중심공간에는 공자의 위패를 봉안하고 있는 대성전이 있고,

그 전면 좌우에는 중국과 우리나라의 성현들의 위패를 모신 동무와 서무를 각각 위치시켜 제향기능을 수행하고 있다.

그리고 강학공간에는 명륜당이 그 중심을 이루고 있고, 그 전면 좌우로는 유생들을 기숙시키고 독서하는 동재와 서재를 대칭 되게 배치시켜 교육기능을 돕고 있다. 그밖에 영역 내에는 제기고나 전사청, 그리고 존경각 등을 두어 이를 지원하는 일부기능과 지역사회 학교로서의 기능[196]도 함께 가지고 있다. 전체적으로 향교는 각종 제향의례의 보급, 전파와 교육을 통하여 지역사회의 민풍, 민중교화 등에 큰 역할을 담당하였다.

(2) 서원

서원은 선현을 봉사하는 사와 자제를 교육하는 재가 결합되어 성립된 조선시대의 사학 교육기관을 말하는데, 이 서원이라는 명칭은 신라시대 말기의 기록과 고려시대의 문헌에서 그 유래를 찾아볼 수 있다. 이때 서원은 도서관적 기능을 가졌고, 교육기관으로서의 서원은 조선시대 초기 세종때 건립되었다.[197] 이후 조선시대 1548년 중종 38년 풍기군수 주세붕이 고려 말기 유학자인 안향의 고가인 백운동에 백운동 서원을 세워 춘추로 제향하고, 우수한 청년을 모아 강론하기 시작한 것이 우리나라 최초의 서원이다. 후일 1550년 명종 5년에 군수 퇴계 이황의 청으로 소수서원이라는 칙액을 받음으로서 사액서원의 효시가 되어 국가 공인 사학기관의 발달로 이어졌다. [198]

그러나, 임진왜란과 병자호란을 겪으면서 충신열사 제향과 명당의 근거지로 서원이 대거 건립되었고, 지방 유학자들의 본거지가 되면서 점차 유교 교육기관이라는 성격은 줄어들고 사액서원이 많아지면서 양반의 권익집단으로 이용되었다.[199] 또한 사당의 활동 근거지화 됨으로서 서원의 전체적인 질적 저하와 쇠퇴를 초래하게 되었다.

서원의 구성은 제향과 교육의 두 가지 기능을 결합시킨 것으로서 구성 건물들은 각각 이들 기능과 지원 또는 부속되는 건물로 이루어져 있다. 그렇기 때문에 건물의 구성과 기능은 향교의 기능과 거의 일치하며 사학 교육기관이라는 점과 규모가 비교적 작다는 점만 다르다. 서원의 구성요소는[200] 제향의 공간에 선현의 위패와

그림 6.1 풍화루

그림 6.2 명륜당

그림 6.3 동재

그림 6.4 서재

그림 6.5 대성전

그림 6.6 동무

그림 6.7 서무

영정을 모시고 년 2회 춘추로 향사를 지내는 사당과 유생들이 모여 강학과 토론 및 회의를 행하는 강당이 교육의 공간에 위치하게 된다.

그리고 원생들의 숙식과 독서를 하는 동서 양재와 선현들의 사상 및 문집 등의 저서를 판각하여 서책을 펴내고 판본을 수장하는 장판고와 장서고가 있다. 또 제사에 필요한 제기를 보관하는 제기고가 있고, 유생들이 풍수를 즐기며 사색도 하고 여가를 보내는 루가 있으며, 기타의 모든 것을 관리하는 고직사로 구성되어 있다.

그림 6.8 지도문

그림 6.9 성생단

그림 6.10 경렴정

그림 6.11 경자바위[201]

그림 6.12 강학당

그림 6.13 일신재 · 직방재

그림 6.14 장서각

그림 6.15 학구재

그림 6.16 지락재

그림 6.17 학구재 · 지락재[202]

그림 6.18 대성문묘

그림 6.19 영정각

그림 6.20 전사청

그림 6.21 배견루

그림 6.22 창절서원

그림 6.23 동재

그림 6.24 서재

07 불교 문화유산

7.1 불교 문화유산

7.1.1 불교의 의미

불교는 부처가 설한 교법이라는 뜻과 부처가 되기 위한 교법을 포함한다. 이러한 불교의 시작은 인도 중부지방의 갠지즈 강변을 중심으로 발전되다가 아쇼카왕의 귀의를 얻어 기원전 3세기경에는 전역에 전파되었고, 이후 기원전 100년경에는 북부 인도에서 쿠샨제국의 카니시카왕에 의하여 중앙아시아에까지 불교가 전파되었다.

초기불교는 소승불교와 대승불교로 분열이 되는데, 소승불교는 정신적 깨달음에 이르는 좁고도 준엄한 길을 표방하는 보수적이면서 계율을 존중하는 가르침으로 특징지어지는 종파로서, 동남아 일대에 전파되어 오늘날까지도 이 지역의 지배적인 종교로 자리 잡은 남방불교를 일컫는다. 대승불교는 깨달음에 이르는 넓고 관대한 길을 걷는 자유로운 종파로서 중앙아시아와 동북아시아에서 발전하였기 때문에 북방불교라고 부른다. 우리나라에 전해진 불교는 대승불교는 북방불교이다.[204]

우리나라에 불교가 전래된 것은 삼국시대이다. 그러나 삼국에 어떤 방식으로 유래되었는지는 분명치 않다. 다만 『삼국유사』와 『삼국사기』에 근거하여 그 유래를 짐작하고 있다. 고구려는 372년 소수림왕 2년에 전진(前秦) 왕 부견이 사신과 승려 순도를 보내 불상과 불경을 보냈다고 한다. 이때 고구려는 이들을 위해 초문사와 이불란사를 창건하게 되는 데 이것이 고구려 사찰의 시초이다. 백제에 불교가 전승되는데 384년 침류왕 원년 승려 마라난타에 의하여 전승되고 이듬해 한산주에 사찰이 창건되었다. 신라는 눌지왕 때 승려 묵호자가 불교를 전승했으나 신도들이 없었고 후에 양사승인 원표와 이차돈의 순교로 527년 법흥왕 14년에 국교로 받아들여졌다. 그 후로도 고구려, 백제, 신라는 불교를 발전시키고자 많은 사찰을 건립하였다.[205]

이렇듯 삼국시대에 전래된 불교는 각 국가와 지역마다 독특한 특성을 지닌 채 발전하였는데, 한편으로는 불교 특유의 사상적 포괄성으로 토착화의 과정을 전개하였고, 다른 한편으로는 고대국가의 새롭고 세련된 통치이념으로 수용되었다.

7.1.2 사찰

사찰은 불상과 보살상 등을 모셔 놓고 승려들이 거주하면서 부처의 가르침에 따라 수행하고 그 가르침을 설하는 집이라고 볼 수 있는데, 때로는 가람, 사찰, 정사라고 부르기도 하고 우리말로는 절이라고 한다. 사찰에서 행해지는 의례는 3가지이다.[206]

첫 번째, 부처의 탄신일 · 출가 · 성도 · 열반을 기념하는 4대 명절과 부처에게 드리는 기도를 행하는 곳이다.

두 번째, 사자의 명복을 비는 49재나 100일 재, 고혼의 위령제인 수륙재와 생전에 미리 왕생극락의 길을 닦는 생전 예수재 등의 사령재를 행하는 곳이다.

세 번째, 현세복락의 소원을 성취하기 위한 각종의례, 곧 자식발원과 장수연명을 기원하는 칠성기도, 사업성공과 번창을 비는 산신기도, 풍어를 비는 용신제 등을 행하는 곳이다.

사찰의 구조는 문, 종각, 탑, 금당(법당), 강당, 요사 등을 중심으로 다양한 건축물로 구성되고, 금당과 탑을 중심으로 일금당일탑식, 일금당이탑식 그리고 지형에 따라 평지가람, 산지가람의 배치를 나타나고 있다.

이러한 사찰은 조선시대로 접어들면서 숭유억불정책으로 인하여 사찰들이 산중으로 은거하게 되었으며, 배치형식도 산지지형에 맞게 바뀌었고 규모도 축소되었다.

사찰의 구성요소는 다음과 같다.

첫 번째, 문이다. 우리나라의 사찰은 중심부를 향해 들어가기 전에 불교의 교리와 밀접한 연계성을 가지도록 각 수행 단계마다 각각의 단계를 표시해주는 문을 설치하고 있는데, 당간지주를 지나 일주문, 천왕문, 불이문 또는 해탈문을 배치하는 3문형식을 취하고 있다. 이 문을 지나게 됨으로서 속세에서 부처의 세계로 진입하게 되는 것을 상징화하고 있다.

두 번째, 요사이다. 요사채는 사찰 내에서 법당 외에 승려의 기거하고 수행하는 생활과 관련된 건물을 아울러 이르는 말이다. 그리고 기도하러온 신도들이 잠깐 쉬고 음식을 먹을 수도 있는 공간이며, 여기에는 창고 · 우물 · 장독 · 세탁시설 등 생

그림 7.1 당간지주

그림 7.2 당간지주

그림 7.3 일주문

그림 7.4 일주문

그림 7.5 천왕문

그림 7.6 천왕문[207]

그림 7.7 서방광목천왕

그림 7.8 북방다문천왕

그림 7.9 동방지국천왕

그림 7.10 남방증장천왕

그림 7.11 안양루

그림 7.12 원음루[208]

그림 7.13 범종루

그림 7.14 범종

그림 7.15 범종

활에 필요한 모든 시설이 한데 모여 있다.

세 번째, 누각이다. 사찰에서 대법회가 있을 때 불전에서 이루어지는 행사를 행하는 장소이며, 사찰의 일주문과 중심 불전을 잇는 일직선상에 위치하고 있다. 다락식인 경우 누각 밑을 통과하여 법당으로 진입하게 된다.

네 번째, 범종각이다. 범종을 달아 놓은 전각을 말한다.[209] 당호는 절에 따라 범종루 · 종각 · 종루라고 하는데, 일반적으로 단층일 경우 각(閣)이라 하고 중층일 경우 루(樓)라고 한다. 규모가 큰 사찰에서는 중층으로 세워 법전사물을 함께 두기도 한다. 전각의 외양은 대개 기둥과 목책이 있는 사각의 단층 건물이거나, 2층 누각

그림 7.16 비천상

그림 7.17 유두

그림 7.18 유두

그림 7.19 용뉴

이다. 범종각은 불국토에 들어온 구도자를 환영하여 하늘의 주악을 들려주는 곳으로 하루에 3차례 28번씩 친다.

다섯 번째, 법당(금당)이다. 불전이라고도 한며, 부처를 모시고 있는 건물을 말한다. 법(法 : 부처의 가르침)은 범어 달마의 의역으로, 달마는 진리, 본체 등의 뜻을 가지고 있으며, 우리나라에서 통상적으로 불상을 모신 건물을 말한다. 이곳은 절의 중심이 되는 곳으로, 부처님의 세계를 축소하여 표현한 장소이고, 부처님의 몸에서 금빛이 난다고하여 금당이라고도 한다. 사찰 안에 모셔진 보존불의 성격에 따라서 현판의 이름이 달라지고, 석가모니불을 보존불로 모신 대웅전이 가장 보편적 이름이며, 그 외에 극락전 · 약사전 · 관음전 · 미륵전 · 나한전 · 대적광전 · 팔상전 · 영산전 · 용화전 · 응진전 · 천불전 · 적멸보궁 등으로 불리 우고 있다.

여섯 번째, 강당이다. 사찰에서 불경을 강의하거나 불교 의식을 진행하는 건물로 인도에서 시작되었는데, 집회소를 의미하는 것이다. 강당은 고대에는 금당 뒤에 위

그림 7.20 무량수전

그림 7.21 극락보전

그림 7.22 적멸보궁

그림 7.23 산신각[210]

그림 7.24 조사당, 선비화[211]

그림 7.25 조사전[212]

그림 7.26 삼성각[213]

치하였으나 고려이후에는 금당에 합쳐지거나 금당 앞에 놓였다.

일곱 번째, 탑이다. 사찰의 석조 조형물 중에서 미의 극치를 보여주고 있는 것이 탑이다. 탑은 석가모니의 진신사리를 모신 곳으로 석가모니의 사리 48과를 8개 나라에서 나누어 가지고 가서 8개의 탑을 세운 것이 최초의 탑이다. 그러므로 사찰에서는 불상보다 탑이 중심이 되며 예배대상이 되기도 하고 또는 본존적인 성격을 갖게 되었다. 불고신앙의 원류를 고찰해 볼 때 금당보다 탑이 먼저였다.

여덟 번째, 석등이다. 불전 앞에서 불을 밝히기 위해 세우는 석조물. 불교에서 등불을 밝히는 공양을 으뜸으로 여겼기 때문에 등불을 안치하는 공양구의 하나로서 만들어졌던 것으로 여겨진다. 기본형은 하대석, 중대석, 상대석, 화사석, 옥개석의 다섯 부분으로 구성되며 옥개 위에는 보주를 얹는 것이 일반적이다.

아홉 번째, 부도이다. 부두 · 포도 · 불도 등 여러 가지로 표기되는데, 원래는 불타

그림 7.27 3층 석탑

그림 7.28 석등

그림 7.29 징효국사 부도[215]

그림 7.30 영월흥녕사지 징효보인대사탑비[216]

그림 7.31 불구

와 같이 붓다를 번역한 것이다. 본래 부도의 건립은 법제문도(法弟門徒)들이 선사[214]를 섬기는 극진한 마음에서 스승이 입적한 뒤 온 정성을 다하여 세우는 것에서 유래되었다.

이밖에 사찰에는 각종 불구가 있다. 목어, 운판, 법고 등이 대표적이다. 목어는 나무를 깎아 잉어모양으로 만들고 속을 파서 텅 비게 한 것으로 나중에 둥근 모양의 목탁으로 바뀌었다. 우리나라에서는 둥근 것을 목탄, 긴 것을 목어라 한다. 물속에 사는 물고기에게 부처의 가르침을 전한다. 법고는 숲과 들판의 짐승에게 부처의 가르침을 전한다. 운판은 뭉게구름 모양의 얇은 판으로 허공을 날라 다니는 새와 벌레를 비롯하여 허공을 헤매는 영혼들에게 부처의 가르침을 전한다.[217]

부록

충주 고미술거리 활성화 방안

1. 머리말

충주 고미술거리는 중앙탑면과 앙성면의 38번 국도변에 형성되어 있는 문화거리이다. 1990년대 후반부터 조성된 이곳은 고미술품 일괄을 살펴보고 구매할 수 있는 장소로, 제 2의 인사동거리이다. 고미술품에 대한 지속적인 관심이 증대되고 있는 시점에서 과거와 현재 그리고 미래를 잇는 중요한 콘텐츠의 보고라 할 수 있다.

충주 고미술거리처럼 문화적 생명력이 필요한 곳은 다수의 관람객을 어떻게 유치할 것인지 명확한 비전이 필요하다. 결국 충주 고미술거리의 환경 개선 및 발전 가능성을 타진하여 철저하게 분석하고 연구해야만 거리자체의 생명력을 유지할 수 있다.

이에 본고에서는 충주 고미술거리를 고미술특화거리로 조성하고 고미술과 관련된 각종 프로그램을 연출하여 문화적 네트워크를 구축할 수 있는 방안을 제안하고자 한다. 고미술거리의 활성화를 통해 우리나라 전통문화예술발전에 이바지할 수 있고, 지역경제 활성화에도 크게 기여할 수 있다.

2. 고미술의 이해

1) 고미술품[218]

고미술품은 외적인 아름다움뿐만 아니라 내적인 역사성을 바탕으로 보수 및 보관이라는 관리과정을 거쳐 후대로 이어지고 있다. 우리나라의 고미술품은 유·불·도교의 사상적 영향을 받은 서화, 조각, 금속, 도자기 등으로 그 범위는 무궁무진하다.

고미술품은 값을 매길 수 없을 만큼 귀중한 보물임에도 불구하고 열악한 보관상태, 운송, 전시 등으로 그 기능을 상실하거나 가치가 하락하고 있다. 뿐만 아니라 중국 수입 고미술품으로 인해 우리나라 고미술 시장이 타격을 받고 있다.

그러나 여전히 고미술품 자체는 미적·예술적 감응과 사회적·역사적 기억을 담아낸 문화의 척도라는 사실은 간과할 수 없다.[219]

첫 번째, 고미술품은 미적 인식이 투영되어 있다. 일반 대중들은 고미술품을 통해 미적 인식을 하게 되고 동시에 전통의 미를 만나게 된다. 고미술품을 수집하는 개인이나 기관의 역사적 · 미학적 가치관가 반영되어 있지만 이것이 수용자와 만날 때 그 효과와 의미는 수용자가 어떻게 받아들이느냐에 따라 미적가치가 달라진다.

두 번째, 고미술품은 사회적 기억을 하고 있다. 고미술품은 본래 용도나 가치를 지니고 있지만 새로운 상황과 맥락 속에서 수용자를 만난다. 대중들은 그 수용과정을 통해 고미술품 과거의 본질이나 가치, 제작 당시의 맥락을 기억한다. 그리고 다시 수용자가 처한 시대의 새로운 기억을 축적한다. 고미술품을 수집해 대중들과 감상하고 평가하는 과정은 끊임없는 기억의 과정이다. 우리가 고미술품의 가치와 의미를 늘 새롭게 해석하는 것도 이런 과정과 맞닿아 있다.

2) 수집행위

20세기 프랑스를 대표하는 철학자이자 사회 이론가인 장 보드리야르는 "수집의 역사는 사물의 역사와 같다."라고 했다.[220] 즉, 인간의 수집행위는 도구를 만들어 사용하면서부터 시작되었다는 것이다.

인류가 지구상에 출현하면서 사냥이나 채집을 통해 얻은 동물의 이빨, 뼈, 조개 등을 사용하여 만든 주물(呪物)을 모으는 것이 최초의 수집행위였다. 이후 본격적인 계급사회로 접어들면서 권위자의 신분과 사회적 역할을 상징하기 위하여 다양한 물품이 수집되었다. 특히, 삼국시대에는 신분적 제한을 두고 극히 한정적으로 제작되어 착용자의 권위를 상징한 위세품(威勢品)[221]인 장신구가 큰 인기를 얻은 것은 분명한 수집의 영향이라 할 수 있다. 이러한 모습은 고려와 조선시대를 거치면서도 동일하게 나타났고, 근현대시기에는 귀족 및 양반이 아닌 일반 서민들도 본인이 좋아하는 물품을 구매하여 소장하는 수집행위가 일반화되었다.

수집행위는 수집가의 의도, 철학, 가치관 등이 반영된 것으로 지극히 개인적인 기억을 바탕으로 하고 있지만 여러 명이 동시에 반복으로 수집한다면 그것은 사회집단적 행위라 규정할 수 있다. 결국 개인적인 수집취향이 집단화되면 한 시대의 수집문화의 특징을 만들 수 있다.

한편, 우리나라에서 고미술품에 대한 거래는 17~18세기부터였지만 광교 주변에 그림을 걸어 놓고 팔던 상인들 정도가 있었을 뿐 이를 취급하는 상설점포는 없었다.[222] 고미술품 수집행위의 붐이 일어난 것은 을사늑약이후 일본인들에 의해 이루어졌고,[223] 귀족, 의사, 실업가, 지주 등 조선인 부호들도 1930년대 전후부터 수집하기 시작했으며, 광복과 한국전쟁을 겪으면서 서울의 인사동, 관훈동, 안국동, 장안평에서 고미술상가들이 집중적으로 개관하였다.[224] 이후 고미술 상가들은 전국적으로 원도심권을 중심으로 확장되어갔다.

3. 거리문화의 이해

1) 거리문화 개념

그동안 도시개발은 경제적 가치가 우선시 되어 자연보다는 사람이, 질보다는 양을 중심으로 개발되어 왔다. 이 과정에서 지역주민들의 위상은 약해지고 그들이 실제 도시계획이나 디자인에 참여할 수 있는 기회는 거의 없어졌다. 이러한 지배적 시각에 의해 건설된 도시는 많은 모순을 내포하고 있다. 이에 도시개발의 성공을 위하여 다양한 도시 문화적 요소가 필요하며, 대표적으로 도시거리를 조성하는 것이다.

거리에 대한 상징성을 부여하여 도시에 대한 고유문화를 만든다면 세계적인 도시로 발전시킬 수 있다.[225] 즉, 거리문화를 통해 장소의 가치성 증대, 문화접근성 확대, 지역재생 및 재건, 새로운 일자리 창출, 도시 설계부문의 기술력 향상 등 고부가 가치적 예술행위가 이어질 수 있다.

더불어 거리문화는 미적, 경제적, 역사적 의미를 지니는 장소로서의 의미를 지니고 있다. 거리문화를 조성하는 것은 문화적 쇄신의 파급효과가 큰 환경요소를 보존 및 정비하여 새로운 환경을 조성함으로써 문화, 예술의 전통을 발전시키고 도시 문화 활동의 활성화를 도모하고, 지방문화를 향상 및 발전시키며 도시의 정체성을 가꾸어 갈 수 있다.[226]

2) 거리문화 필요성

거리문화의 필요성은 다음과 같다.[227]

첫 번째, 도시를 매력적으로 변화시킬 수 있다. 다양한 측면에서 이미지를 통합하여 거리의 정체성을 확보한다면 다른 지역과 차별화된 도시의 경쟁력을 갖출 수 있다.

두 번째, 도시의 환경을 개선할 수 있다. 포장, 가로등, 벤치 등의 시설물 정비, 간판 및 건물 전면의 재설계, 환경 조각물 및 수경시설의 도입, 가로수의 정비 등 가로경관을 일관되게 향상시킬 수 있다. 따라서 거리문화 조성을 통해 사람들의 눈길을 끌고 흥미를 제공할 수 있다.

세 번째, 문화예술의 장을 마련할 수 있다. 거리에서 자유로운 문화예술 경험을 함으로써 생활의 여유를 찾고 호기심과 흥미의 폭을 넓힐 수 있다. 결국 시민들이 누리는 문화적 삶의 질이 향상되어 건강하고 쾌적한 여가생활을 제공할 수 있다.

네 번째, 시민들을 위한 도시공동체를 형성한다. 거리문화를 매개로 시민들이 사회적으로 융합할 수 있는 계기가 된다. 거리문화는 공공생활의 장을 제공하여 공동관심사를 갖게 하고 서로의 마음을 연결하는 중요한 매개체가 될 수 있다.

다섯 번째, 지역경제 활성화를 이룰 수 있다. 개성 있는 거리문화의 명소화를 통해 사람들이 모여들고, 여러 형태의 영업으로 활성화될 수 있다.

3) 거리문화 유형

거리문화는 역사형, 활동형, 계획형 등으로 나뉜다.[228]

첫 번째, 역사형은 문화 활동보다는 역사적 의미가 강한 사적을 통해 거리를 형성하고, 박물관과 문예회관을 중심으로 거리를 지정한 형태이다. 거리 주변에 상징적으로 지명도가 높은 문화적 건조물이나 역사적 유산 등의 문화유산이 가로경관으로 형성되어 있다.

두 번째, 활동형은 거리에서 일어나고 있는 문화예술활동을 중심으로 정체성을 형성한 형태이다. 대체로 공연예술이 중심에 있고, 시민들의 적극적인 문화적 활동이 다수 나타나고 있다.

세 번째, 계획형은 새로 조성된 거리 형태이다. 도시계획이나 공공정책에 의해 거리문화가 계획 및 조성되어 거리에 특색을 부여한 것이다.

4. 고미술거리의 존립

21세기는 문화의 시대로 전통문화에 대한 올바른 이해가 이루어져야만 미래지향적인 사고를 구축할 수 있다. 전통문화 중 유형의 자산인 고미술품은 우리 선조들이 수천 년간 이어온 문화유산으로 과거와 현재, 그리고 미래를 잇는 중요한 키워드이다.

이러한 유형의 고미술품은 전통성, 예술성, 과학성 등 다양한 존재가치를 지니고 있다. 그렇기 때문에 고미술품을 일반 대중이 폭넓게 향유하고 계승 · 발전시키기 위해서는 현존하는 고미술품에 대한 지속적인 관리 · 감독이 필요하다.

이에 고미술품을 누구나 쉽게 접할 수 있고, 폭넓은 지식과 경험을 쌓을 수 있는 장소인 고미술상가에서 그 역할을 해야 한다. 서울 인사동으로 대표되는 고미술거리는 고미술의 정체성을 그대로 살려 다양한 네트워크를 구축하여 국내외 많은 사람들에게 전통문화예술교육을 진행하는 중추적인 역할을 담당하고 있다.

그렇기 때문에 고미술거리를 단순하게 고미술품을 판매하는 장소를 여기지 말고, 전통문화를 향유할 수 있는 공간으로 인식해야 한다.

5. 충주 고미술거리 활성화방안

본고에서는 근래 제 2의 인사동거리로 인정받고 있는 충주 고미술거리의 활성화 방안에 대하여 제안하고자 한다.

1) 거리 조성을 위한 방향성 제시

거리 자체의 고유성을 확보하기 위하여 먼저 선행되어야 하는 것이 정확한 포지션(position)이다. 이를 위해 본고에서는 다음과 같은 방향성을 제시하고자 한다. 창조성, 주체성, 상징성, 지속성 등 4가지 요소를 명확하게 수립한다면 향후 이루어질 발전 사업에서 거리 고유의 정체성[229]을 확립할 수 있다.[230]

첫 번째, 창조성을 확보한다. 창조성의 발현을 통해 거리의 정체성을 찾고, 이질화되고 파편화된 요소들을 독창적으로 재구성할 수 있다. 충주 고미술거리에 존재하는 고미술 문화자원을 활용한 독창적인 고미술 문화 개발이 필요하다.

두 번째, 주체성을 마련한다. 충주 고미술거리 조성을 위해서는 주민참여와 주민자치라는 기본적인 성격이 밑바탕 되어야 한다. 즉, 충주 고미술거리를 터전으로 삼고 있는 주민들의 보다 적극적이고 능동적인 참여가 절실하며, 외부 전문가도 객체가 아닌 주체인으로 활동해야 한다.

세 번째, 지속성을 갖춘다. 충주 고미술거리가 항구적인 장소로 나아가기 위해서는 끊임없이 고미술품을 창조하고 유통하고 소비하여야 한다. 하드웨어를 중심으로 휴먼웨어와 소프트웨어를 개발하여 지속성을 갖춘다면 보다 활동적인 거리를 만들 수 있다.

네 번째, 상징성을 부여한다. 고미술이라는 브랜드를 개발하여 충주 중앙탑면과 앙성면 고유의 고미술 문화자원을 개발한다. 제 2의 인사동거리를[231] 통해 충주 지역 내에서 자긍심과 공동체의식을 확보하고 고미술거리 이미지와 경쟁력을 높이는 것이다.

2) 어메니티(Amenity) 확장

어메니티는 1990년대 서유럽 국가를 중심으로 발생한 개념으로 농촌 특유의 자연환경, 전원풍경, 지역공동체 문화, 지역 문화유적 등 다양한 차원에서 사람들에게 만족감과 쾌적감을 주는 모든 요소를 통틀어 일컫는다. 현재 어메니티는 쾌적한 환경에서 시민들이 활발하게 자신의 일을 하고 문화와 여가 생활을 즐길 수 있는 물질적인 것과 정신적은 것을 함께 아우르는 것으로 그 범위가 확장되었다.[232]

이러한 어메니티라는 개념을 충주 고미술거리에 접목시키는 것이다. 충주 고미술거리를 찾는 소비자들을 위해 친근하고 쾌적한 공간을 따로 마련하여 만족스러움과 즐거움을 동시에 제공하는 것이다. 어메니티의 확장을 통해 기존 고미술거리에 조성된 다양한 요소들을 다시 한 번 소비자를 위한 공간으로 근본적인 고민을 시작하는 것이다.

충주 고미술거리의 확실한 어메니티의 공간으로 필자는 광장을 제안하는 바이다. 거리문화의 핵심은 일반 대중이 쉽게 접근하여 쉴 수 있는 공간적 요소이기 때문에 충주 고미술거리에 광장을 조성하는 것이다. 광장은 공간적 특성을 부각시켜 특정 프로그램을 위치한 장소로 이동하기 전에 기대감을 제공하고, 다른 프로그램 사이에 위치시켜 완충지대로서 역할을 수행한다. 충주 고미술거리에 지역적 특성 때문에 광장을 따로 조성하기가 어렵다면 구충주앙성면사무소 등을 활용할 수 있도록 한다.

3) 지역예술가와 고미술거리 연계

기본적으로 거리라는 것은 사람이 많이 다녀야 하는 공간이다. 그렇기 때문에 거리는 대중성을 확보하여 다양한 활동을 영위할 수 있도록 한다. 이를 위해 고미술이라는 옛 것에 치중하지 않고, 현대적인 감각과 열정 및 감성을 접목시킬 수 있도록 각종 문화예술 활동의 장을 마련하여야 한다.[233]

이에 충주 고미술거리의 활성화를 위하여 충주지역의 예술가들이 거리와 소통하는 매개체가 되어야 한다. 충주지역의 예술가와 충주 고미술거리의 시민들이 직접적인 창작활동을 실시한다면 새로운 사회통합적인 기능을 발휘할 수 있다. 고미술이라는 역사 문화적 장르와 예술이라는 문화예술 장르의 연계를 통해 예술의 사회화가 형성될 수 있다.[234] 구체적으로 과거의 부산물인 고미술품을 예술가들이 자신의 성향에 따라 재해석하고 연구할 기회를 가질 수 있는 창작스튜디오(공방시설)를 충주 고미술거리에 설립하는 것이다.

4) 정부 및 시도단체 차원에서의 지원책 마련

충주 고미술거리의 활성화를 위하여 고미술 상인들의 자발적인 노력이 필요하지만 정부 및 시도단체 차원에서 적절한 지원책을 마련한다면 거리의 자생시스템에 큰 도움이 될 수 있다.

첫 번째, 비전 2020의 수립이다. 현재 충주 고미술거리의 장기적인 발전을 위해서는 거리 내 · 외부 환경 분석을 통해 고미술 상인들의 의견 수렴과 소비자들의 만족도 조사 결과를 분석하여 비전 2020 충주 고미술거리 발전계획을 수립한다. 여기에는 충주 고미술거리의 전략방향과 추진체계를 수립하는 한편, 추진 성과에 대한 관리지표도 일관성 있게 마련한다.

두 번째, 컨트롤 타워(Control Tower) 역할을 할 수 있는 기관을 설립한다. 종합적으로 충주 고미술거리를 조성하여 운영할 수 있는 충주시청 산하 기관으로 고미술지원센터(가칭)를 설립한다. 고미술지원센터(가칭)는 고미술거리를 관광자원화하는 중요한 기관이며, 동시에 고미술품의 진단보존기술연구소의 역할을 겸하는 것이다. 대다수 소비자들이 고미술품을 구매하고 망가지면 마땅히 고칠 수 있는 장소가 없어 곤란함을 느끼고 있기에 그 점을 보완할 기관으로 고미술지원센터(가칭)를 운영하는 것이다.

세 번째, 거리 환경 조성사업을 추진한다. 많이 이들이 방문할 수 있도록 거리 환경 정비차원에서 노면과 도로 시설물 등의 정비를 실시하고, 각 고미술 상가의 기존 시설물을 활용하여 간판, 표지판 등을 새롭게 조성한다.

네 번째, 고미술특구로 지정한다. 고미술거리라는 지역적 특성을 체계적으로 육성 및 관리하고 고부가가치 창출을 통해 충주지역 경제 활성화에 도움이 될 수 있도록 충주시청에서는 특구 지정을 위한 연구용역, 자문회의, 주민 공청회 등을 열어 산업통상자원부 장관으로부터 고미술특구로 지정받을 수 있도록 준비한다. 우선 테마거리 조성을 위한 특구주비위원회를 발족한다.

다섯 번째, 고미술 상인들의 적극적인 참여를 위한 지원 사업을 실시한다. 결국 고미술거리의 활성화를 위해서는 자체 주민들인 고미술 상인들의 참여가 필요하다. 이를 위해 각종 면세제도 및 전시, 교육, 축제 등의 행사를 추진할 수 있는 각종 정책을 마련한다.

5) 거리의 홍보프로젝트 시행

고미술거리를 대중화하여 일반 대중들이 즐겨 찾을 수 있도록 각종 대중매체, 인터넷 블로그 및 카페, 홈페이지, 옥외간판, 현수막 등 대외적인 홍보물을 개발하는 것이다. 지금은 오프라인 홍보를 중점적으로 시행하고 있지만 향후에는 개별 고미술 상가마다 SNS를 활용하여 일반 대중들과 소통할 수 있는 방법을 찾아야 한다. SNS는 카카오스토리, 페이스북, 트위터, 미투데이 등의 채널에서 서로 공유하는 서비스 일괄을 의미하기 때문에 이젠 오프라인 홍보도 중요하지만 온라인 홍보 방법을 만들어야 한다. 하지만 실제로 고미술 상가에서는 "이렇게 복잡한 걸 어떻게 해!", "나는 컴퓨터를 못해!", "나는 스마트폰을 안 해!" 등의 이야기를 할 수 있다. 이에 미래를 위한 새로운 모델을 제시한다고 생각하고 SNS를 활용할 수 있는 방안을 천천히 찾아서 적용시킨다면 분명히 큰 효과를 거들 수 있다.

6) 고미술품에 대한 연구 진행

충주 고미술거리에 대한 정체성을 확립하기 위하여 지속적인 연구가 필요하다. 이미 고미술품 자체에 대한 연구는 각종 연구소 및 박물관에서 진행하여 단행본, 보고서, 도록 등의 형태로 출간하였고, 이를 바탕으로 웹사이트에서도 쉽게 그 내용을 찾아볼 수 있다. 그러나 고미술거리를 만든 장본인인 고미술 상인들에 대한 기록물인 아카이브가 부족하다. 고미술품을 수집하고 판매하는 과정 속에서 탄생한 각종 자료와 기록물 등을 보다 많은 이들이 접할 수 있도록 연구하고 그 성과를 살펴볼 수 있는 임의적인 장소를 구축한다. 단순한 고미술이 아닌 살아 숨 쉬는 고미술 정신을 이어받을 수 있도록 충주 고미술거리 초입이나 충주시청 혹은 서울의 인사동이나 대학로 등을 중심으로 충주 고미술거리를 조성한 상인들을 위한 아카이브 공간을 마련한다.

7) 원소스 멀티유즈(One Source Multi Use) 개발

원소스멀티유즈(One Source Multi Use)는 하나의 콘텐츠를 영화, 게임, 음반, 애니메이션, 캐릭터상품, 장난감, 출판 등의 다양한 방식으로 판매해 부가가치를 극대화는 방식이다. 하나의 인기 소재만 있으며 추가적인 비용부담을 최소화하면서 다른 상품으로 전환해 높은 부가가치를 얻을 수 있고, 문화상품 매출에도 영향을 미치는 시너지효과를 낸다. 충주의 고미술품도 잘 만들어진 하나의 콘텐츠를 통해서 다양한 아웃풋(output)을 만들어낼 수 있다. 역사시대 존재한 모든 문화적 가치가 있는 고미술품을 한 곳에 묶어 웹툰(만화, 애니메이션), 영화, 드라마, 뮤지컬, 연극 등의 창작공연으로 제작하는 것이다.

아직 학계에 미발표된 자료나 일반 대중이 흥미 있어 하는 자료를 각종 로고와 이미지로 재생산하여 언제 어디서나 친숙하고 다양하게 활용할 수 있도록 한다. 예를 들어 무신도, 목인, 유기 등을 디자인하여 보석, 시계, 책, 포스터, 판화, 조각, 문구, 게임, 가구, 조명, 홈 액세서리, 주방용품, 책상, 아동용품, 스카프, 넥타이, 티셔츠, 모자, 신발 등의 상품을 제작하는 것이다.

8) 고미술거리 소개 웹사이트 구축

충주 고미술거리를 소개할 수 있는 사이버 공간인 홈페이지를 구축하여 새로운 테크놀로지와 문화콘텐츠를 결합한 다양한 서비스를 제공하는 것이다.

현재 충주 고미술거리에 존재하고 있는 고미술 상가에서 각각 본인들의 상점을 소개하고 있지만 이는 다분히 민간영역이다. 이에 관위주로 역사와 문화적 물적 토대를 바탕으로 홈페이지, 모바일 어플, E-book 카달로그, 카페, 블로그 등의 사이버 공간을 조성한다면 고미술거리에 대한 가상체험과 인터랙티브(interactive)가

가능하다.

9) 대한민국고미술축제 강화

축제는 단순하게 놀고 즐기는 행사가 아니라 선조들의 문화유산을 감상하고 오래도록 기억해 가슴에 새기는 문화예술대전으로 관람객들에게 전통과 문화에 대한 이해와 관심도를 높이고 있다.

국내 유일의 고미술축제가 충주 고미술거리를 중심으로 매년 개최되고 있다. 충주시, 충주문화원, 한국고미술협회충북지회 등 관민이 서로 화합하여 네트워크를 구축하고 있다. 향후 고미술거리의 발전을 위해서는 대한민국고미술축제를 모든 사람들이 즐길 수 있도록 만들어야 한다.

(1) 현황

대한민국고미술축제는 독창적인 행사로 국내 유일의 테마를 가진 축제이기 때문에 분명 국제적인 행사로 발전할 수 있는 가능성이 있다. 하지만 부대행사로 진행되고 있는 경매행사외에 문화행사가 부족하여 볼거리의 다양화가 필요하다. 또한 대한민국고미술축제를 소개할 수 있는 홈페이지와 각종 소개 매체가 부족하여 활발한 마케팅활동이 요구된다. 더불어 고미술이라는 확고한 테마성을 유지하고 통일적인 이미지를 만들어야 관람객의 몰입도를 높일 수 있다.

(2) 활성화 방안

대한민국고미술축제를 활성화할 수 있는 방안으로 2가지를 제시한다.

첫 번째, 축제의 명확한 목표를 설정해야 한다. 고미술품을 주제로 한 축제이기 때문에 주민화합과 전통문화의 발굴이 주목적인 축제로써 여기에서 가장 필요한 것은 바로 화합이다. 경제적인 측면보다는 사회적인 측면에서 충주 고미술거리 주민들의 애향심을 고취시키고, 우리 고유의 전통문화를 적극적으로 발굴하여 문화적 체험의 기회를 제공하는 것에 주력해야 한다. 최종적으로는 충주 중앙탑면과 앙성면을 중심으로 풍부한 자연경관을 연계한 체류형 관광 상품을 개발해야 한다.

두 번째, 확실한 홍보 전략을 수립해야 한다. 홍보는 불특정 다수 혹은 특정인에게 의도된 메시지를 전달하는 활동을 의미한다. 이중 축제 홍보는 다양한 방문객을 대상으로 축제의 의미를 직 · 간접적인 방법으로 전달해야 한다. 축제와 관련된 각종 인쇄물을 제작하여 DM으로 발송하거나 보도자료를 작성하여 언론매체와 인터넷 카페, 홈페이지 등에 보내는 방법을 적극적으로 활용한다. 축제가 1년 5일정도 진행되지만 홍보는 1년 내내 지속해야 관람객을 유치할 수 있다.

6. 맺음말

전통은 현재에 살아 있는 과거이며, 현재와 과거가 연결되어 있음을 입증하는 상징들이다. 이것은 스스로 역사를 공유한다고 믿는 사람들이 합의하여 특별한 가치를 부여한 것으로 보존과 전승의 필요성을 인정한 낡은 것이다.[235] 즉, 전통이라는 것은 과거로부터 면면히 전승되어 온 공동체 문화의 정수이며, 그 전통의 핵심인 고미술품을 유형의 자산으로 묶어 여러 사람들이 공유하는 문화로 만들어야 한다.

이와 같은 고미술품의 중요성을 인식하고 본고에서는 충주에 자연적으로 조성된 고미술거리를 살펴보았다. 충주 고미술거리는 38국도를 따라 형성된 충주 중앙탑면부터 앙성면까지 조성된 고미술 상가 밀집지구이다. 지난 20여 년간의 노력한 끝에 단순히 골동품만을 취급하는 상업지구가 아닌 문화지구로 발전시킬 수 있는 장소가 되었다. 여기에서는 이미 많은 상인과 일반 대중이 만나고 있었다. 성공적인 거리 조성을 위하여 각종 지역예술인이 창의적이고 적극적인 의지를 갖고 고미술 부흥을 위해 함께 노력해 나아간다면 보다 능동적인 거리문화가 조성될 수 있다.

앞서 살펴보았던 모든 방안들이 어느 정도의 결과물로 만들어지기 위해서는 무엇보다 충주 시민들의 동의가 필요하다. 고미술거리의 정체성 확립을 위해서는 시민공청회를 진행하여 지역주민이 주인이 되는 고미술거리를 만들어야 한다.

참고문헌

최영창기자, 「"중앙서 하사… 장신구는 지위 나타내는 威勢品"」, 문화일보, 2010년 1월 26일

에릭홉스봄, 『만들어진 전통』, 휴머니스트, 2004.

장 보드리야르, 『사물의 체계』, 지식을 만드는 지식, 2011.

김승유, 「전통문화의 상징적 공간, 인사동의 역사성 재고」, 『중앙민속학』16, 중앙대학교 한국문화유산연구소, 2011.

임형백, 「농촌 어메니티를 이용한 농촌 활성화 정책 방향」, 『지방행정연구』 제26권 제3호 통권 90호, 2012.

전우용, 「한국전통의 표상공간, 인사동의 형성」, 『동아시아문화연구』 60집, 한양대학교 동아시아문화연구소, 2015.

박소나, 「고미술 상가의 거리문화 형성을 위한 건축 계획 연구」, 건국대학교 석사학위논문, 2015.

이광표, 「근현대 고미품컬렉션의 특성화 한국미 재인식」, 고려대학교 박사학위논문, 2014.

이채현, 「문화 관광자원으로써 '국악의 거리' 활성화 방안 연구」, 단국대학교 석사학위논문, 2011.

황정주, 「마을만들기에서 지역문화 자원활용에 관한 고찰」, 성공회대학교 석사학위논문, 2009.

참고문헌

『예서』

『진서』

『북사』

『수서』

『삼국유사』

『삼국사기』

『고려사』

『조선왕조실록』

『사례편람』

네이버 백과사전

한국민족문화대백과

한국세시풍속사전

한국향토문화전자대전

문화공보부,『한국종교편람』, 계문사, 1984.

문화체육관광부, 『2015 전국 문화기반시설 총람』, 2015.

국립민속박물관, 『한국세시풍속사전』, 정월 ~ 겨울 5권, 국립민속박물관, 2005.

국립민속박물관, 『산청 전주최씨 고령댁 상여 실측조사 보고서』, 1998.

계명대학교여성학연구소, 『여성들의 삶의 관점에서 본 한중지역여성정책』, 계명대학교출판부, 2007.

영월군청, 『전통건물의 관광 및 교육활용을 위한 학술용역』, 영월군청, 2014.

양산췬, 정자룽저, 『중국을 말한다』, 신원문화사, 2008.

김갑동, 『고려시대사 개론』, 혜안, 2013.

김두하, 『장승과 벅수』, 대원사, 1993.

김병종, 『김병종의 화첩기행』, 호형출판, 2005.

김종진, 「관동와주 한시의 연구」, 『동국대학교경주대논문집』 2, 1983.

김태곤, 『한국민간신앙연구』, 집문당, 1983.

김택규, 『향토사 소편람』, 한국향토사 연구, 1990.

박영규, 『한권으로 읽는 고구려왕조실록』, 웅진닷컴, 2004.

박의서, 『한국의 전통장례』, 재원, 2002.

박충석, 「퇴계정치사상의 특질」, 『퇴계학연구』, 단국대학교 퇴계학연구소, 1988.

이광규, 『한국 민속학 개설』, 일조각, 2004.
이달훈외 1인, 「향교건축의 양식에 관한 연구 Ⅱ」, 호서문화연구소 제3집, 1983.
이덕진, 「고려 후기 승려들의 유교관의 변천 – 성리학 도입 전후와 연관하여」, 제 13차 월례발표회, 한국불교선리연구회, 2010.
이민수, 『조선전』, 탐구당, 1995.
이순구, 박미선, 『관광자원의 이해』, 대왕사, 2011.
이필영, 『마을신상의 사회사』, 웅진출판사, 1995.
이해랑, 『한국미술사』, 대한민국예술원, 1984.
임재해, 『한국 민속사 입문』, 지식산업사, 1996.
임재해, 「민속신앙에서 발견되는 한국인의 자연관과 현대적 변용」, 『민속학연구』6, 국립민속박물관, 1999.
오출세, 「고전소설의 출생의례 考」, 『한국문학연구』13, 동국대학교 한국문학연구소, 1990.
윤병화, 『우리나라 장신구』, 예문사, 2012.
윤병화외1, 『우리 전통문화의 이해』, 예문사, 2013.
윤병화외4, 『학예사를 위한 문화예술』, 예문사, 2013.
장경호, 『한국의 전통건축』, 문예출판사, 1992.
정경대, 『이것만 알면 운명이 보인다』, 행림출판, 2001.
정재서, 『한국 도교의 기원과 역사』, 이화여자대학교출판부, 2006.
조명제, 「고려후기 간화선 연구」, 혜안, 2004.
최운식, 『한국민속학개론』, 민속원, 1998.
최인학, 『한국민속학 새로 읽기』, 민속원, 2008.
최재석, 『한국고대사회사연구』, 일지사, 1987.
최종호, 「박물관학에서 바라보는 문화교육」, 문화예술교육연구, 2006.
최준식, 『한국의 풍속 민간신앙』, 이화여자대학교출판부, 2005.
한기범, 「전통 상례(喪禮)의 의미와 실제」, 『조선시대 상례문화의 새로운 조명』, 쉼박물관, 2008.
강석진, 「한국인의 전통적 종교심성과 그리스도교 영성 토착화 연구」, 가톨릭대학교 석사학위논문, 1988.
김남일, 「이색의 역사의식」, 한국학중앙연구원 석사학위논문, 1989.
김무찬, 『한국상여의 변천사에 관한 연구』, 동국대학교 석사학위논문, 2004.
김유선, 「세시풍속을 활용한 박물관 가족교육프로그램 발전 방안 연구」, 중앙대학교 석사학위논문, 2014.
김은희, 「한국 전통성년례에 관한 연구」, 원광대학교 박사학위논문, 2015.
남소은, 「사찰음식 활성화를 위한 사찰의 세시풍속 연구」, 동국대학교 석사학위논문, 2015.
뇌뇌, 「한국 추석문화 교육방법 연구」, 부산외국어대학교 석사학위논문, 2011.

도용호,「유학사상을 바탕으로 한 전통교육건축의 공간구성에 관한 연구」, 청주대학교 석사학위논문, 1995.

동연,「한국의 설날과 중국의 춘절 풍속 비교 연구」, 부산외국어대학교 석사학위논문, 2009.

문진열,「佛教와 民俗信仰에 관한 考察」, 동국대학교 석사학위논문, 2008.

막시모바 알렉산드라,「야쿠트와 한국의 전통혼례 비교 연구」, 계명대학교 석사학위논문, 2013.

미야기 케이아,「전통축제의 속성이 방문객의 만족과 재방문 및 추전의사에 미치는 영향 연구」, 동아대학교 석사학위논문, 2005.

박선영,「세시복식(歲時服飾)의 의미와 상징에 관한 연구」, 중앙대학교 박사학위논문, 2012.

박찬호,「한국교회의 민간신앙에 대한 인식분석 및 목회적 대안」, 성결대학교 석사학위논문, 2006.

박창로,「韓國 民間信仰 이미지의 繪畵的 表現에 관한 硏究」홍익대학교 석사학위논문, 2002.

오정화,「한 · 중 정월 세시풍속의 기능별 비교 연구」, 경희대학교 석사학위논문, 2009.

우배식,「널뛰기 운동이 초등학교 학습자의 체력 향상에 미치는 영향」, 한국교원대학교 석사학위논문, 1999.

유문희,「출생의례의 문화콘텐츠화 방안 연구」, 원광대학교 석사학위논문, 2014.

안민정,「조선시대 여성윤리교육 연구」, 부산대학교 석사학위논문, 2008.

오도형,「효(孝) 사상을 통해 본 조상 제사에 대한 연구」, 한남대학교 석사학위논문, 2006.

이기용,「조선초기 고강제도에 관한 연구」, 중앙대학교 박사학위논문, 1990.

이인화,「전통마을에서 민속신앙물들의 공간배치 유형 및 분포에 관한 연구」, 동국대학교 석사학위논문, 2000.

이재동,「현대 한국화에 나타난 민간신앙의 조형성 연구」, 원광대학교 석사학위논문, 2015.

이정숙,「조선후기 의례서에 나타난 혼례 연구」, 원광대학교 석사학위논문, 2010.

이진하,「세시풍속과 연계한 유아국악교육의 지도방안 연구」, 중앙대학교 석사학위논문, 2011.

이태백,「한국 전통연의 역사적 연구」, 한양대학교 석사학위논문, 2011.

장인혜,「제사에 대한 인식이 제사의 실행의지에 미치는 영향」, 경북대학교 석사학위논문, 2013.

진로,「한,중 단오 풍속 비교 연구」, 세명대학교 석사학위논문, 2012.

채선숙,「한국 무속신앙에 표현된 헤어디자인 연구」, 서정대학교 박사학위논문, 2011.

추은혜,「출생 의례복식에 관한 연구」, 전남대학교 석사학위논문, 2000.

최희아,「韓 · 中 夢占 比較 硏究」, 중앙대학교 석사학위논문, 2012.

홍연주,「한국 민속의 새로운 의미와 민속 기록의 성격 변화」, 서울대학교 석사학위논문, 2013.

현희선,「윷놀이와 고누놀이 관련 확장활동이 유아의 수학능력에 미치는 영향」, 한국교원대학교 석사학위논문, 2010.

이미지 자료 제공

그림 2.1 출판기념회 및 민속학회 회의 • 26 출처 : 국립민속박물관
그림 2.2 편지 • 26 출처 : 국립민속박물관
그림 3.2 농가월령 • 40 출처 : 국립민속박물관
그림 3.3 면암집 • 40 출처 : 국립민속박물관
그림 3.4 열양세시기 • 40 출처 : 국립민속박물관
그림 3.5 복조리 • 43 출처 : 국립민속박물관
그림 3.6 윷 • 44 출처 : 국립민속박물관
그림 3.7 윷판 멍석 • 44 출처 : 국립민속박물관
그림 3.8 윷뒤는모양 • 44 출처 : 국립민속박물관
그림 3.9 널뛰는 사진엽서 • 45 출처 : 국립민속박물관
그림 3.10 연날리기-년날니모양 • 45 출처 : 국립민속박물관
그림 3.11 방패연 • 45 출처 : 국립민속박물관
그림 3.12 승경도 • 46 출처 : 국립민속박물관
그림 3.13 윤목 • 46 출처 : 국립민속박물관
그림 3.14 줄쌈하는 모양 • 51 출처 : 국립민속박물관
그림 4.1 기자도끼 • 68 출처 : 국립민속박물관
그림 4.2 태항아리 • 71 출처 : 국립민속박물관
그림 4.3 삼신상 • 71 출처 : 국립민속박물관
그림 4.4 금줄 • 72 출처 : 국립민속박물관
그림 4.5 돌상 • 74 출처 : 국립민속박물관
그림 4.6 돌잔치 풍속화 • 74 출처 : 국립민속박물관
그림 4.7 성년식 • 76 출처 : 국립민속박물관
그림 4.8 심의와 흑립 • 76 출처 : 국립민속박물관
그림 4.9 사주단자 • 81 출처 : 국립민속박물관
그림 4.10 연길 • 82 출처 : 국립민속박물관
그림 4.11 기러기 • 83 출처 : 국립민속박물관
그림 4.12 상주 모습 • 90 출처 : 국립민속박물관
그림 4.13 산청전주최씨고령댁상여 • 91 출처 : 국립민속박물관
그림 4.14 요여 • 92 출처 : 국립민속박물관
그림 4.15 상여장식조각 • 97 출처 : 국립민속박물관
그림 4.16 상여장식조각 • 97 출처 : 국립민속박물관
그림 4.17 사당 • 102 출처 : 국립민속박물관
그림 4.18 감실 • 102 출처 : 국립민속박물관
그림 4.19 제사상 • 103 출처 : 국립민속박물관
그림 5.1 용신제 • 112 출처 : 평택 천신당
그림 5.2 부적 • 113 출처 : 국립민속박물관
그림 5.3 굿청 • 118 출처 : 국립민속박물관
그림 5.4 무령 • 118 출처 : 국립민속박물관
그림 5.5 무선 • 118 출처 : 국립민속박물관

미주

1 일정한 조건에 따라 변할 수 있는 성질이다.

2 관광행동 특성에 따라 분류하는 목적은 첫 번째, 동질자원을 묶어 이용 및 효율성을 꾀하여 자원 특성을 유지하고자 하며, 두 번째, 자원 개발 및 이용 특성을 부여하여 관광동기 및 요구 충족을 효율화하고자 한다.

3 용인자연농원이란 이름으로 1976년에 개장한 에버랜드는 경기도 용인시 처인구 포곡읍 전대리에 있는 종합 행락지이다. 우리나라에 있는 놀이동산 중에서는 가장 큰 규모로, 2002년 세계 유원지 입장객수 순위에서 6위에 올랐다. 삼성 그룹의 하나인 삼성 에버랜드에서 관리하고 있다. 1996년 에버랜드로 이름을 바꾸었는데, 영원과 활력을 의미하는 '에버(EVER)'와 자연 · 포근함을 상징하는 '랜드(LAND)'를 결합한 에버랜드는 인간과 자연과의 조화, 인간의 꿈과 사랑 · 희망을 표현하고 있다.

4 조지훈은 국문학자겸 민속학자이다. 1941년 혜화전문학교 문과를 졸업하고 오대산 월정사에서 불교전문강원 강사로 활동하며 1942년에 조선어학회『큰사전』편찬위원, 1946년 전국문필가협회와 청년문학가협회에 가입하여 활동하였다. 1947년부터 고려대학교 교수로 재직하였고, 만년에는 시작(詩作)보다는 고려대학교 민족문화연구소 초대 소장으로『한국문화사대계(韓國文化史大系)』를 기획 및 추진하였다.
(네이버 백과사전 http://terms.naver.com/entry.nhn?docId=549327&cid=46645&categoryId=46645)

5 홍연주,「한국 민속의 새로운 의미와 민속 기록의 성격 변화」, 서울대학교 석사학위논문, 2013, 23쪽.

6 소장자료를 중심으로 민속계 박물관을 분류하면 다음과 같다. 국립중앙박물관(금속, 토도, 서화탁본 등), 국립고궁박물관(조선왕실유물), 육군박물관(군사유물), 은평역사한옥박물관(민속품), 경기여고경운박물관(고고, 민속품), 탄허기념박물관(고고, 민속품), 풀무원김치박물관(조리용도구, 저장용,음식용, 사진,자료서화,서책,모형), 호림박물관(고고, 민속품), 관문사성보박물관(고고, 민속품), 인도박물관(공예, 회화, 조각, 민속 등), 한국가구박물관(목가구, 목기), 혜곡최순우기념관(민속품,예술품등), 가회민화박물관(민화, 부적, 민속품 등), 꼭두박물관(고고, 민속품 등), 떡박물관(민속품 등), 북촌박물관(도자기, 민속품 등), 북촌생활사박물관(우리나라 근현대생활물건), 세계장신구박물관(고고, 민속품 등), 쇳대박물관(자물쇠, 빗장 등), 쉼박물관(고고, 민속품 등), 짚풀생활사박물관(민속품 등), 춘원당한방박물관(고고, 고문서, 민속품 등), 한국미술박물관(고고, 민속품 등), 농업박물관(농기구, 민속품 등), 우리은행은행사박물관(고문서, 민속품 등), 종이나라박물관(창작품, 민속품 등), 서울대학교박물관(회화, 고고,민속품등), 건국대학교박물관(고고, 민속품 등), 삼육대학교박물관(고고, 민속품 등), 서울여자대학교 박물관(민속품, 근현대유물 등), 덕성여자대학교박물관(회화, 민속품), 경희대학교 중앙박물관(고고, 민속품 등), 서울시립대학교박물관(근현대 도시사 · 생활사 · 문화사), 홍익대학교박물관(근현대미술,전통회화 등), 연세대학교박물관(고고,역사,민속,미술,자연사,학교사 등), 이화여자대학교박물관(고고, 민속품 등), 한양대박물관(고고, 민속품 등), 국민대학교박물관(고문서, 서화, 민속품 등), 고려대학교박물관(고고, 민속품 등), 숙명여자대학교박물관(고고, 민속품 등), 숙명여자대학교 정영양자수박물관(고고, 민속품 등), 성균관대학교박물관(역사,고고,민속품 등), 장로회신학대학교역사박물관(고고, 민속품 등), 동덕여자대학교박물관(고고, 민속품 등), 국립해양박물관(고고, 민속품 등), 오륜대한국순교자박물관(교회사, 민속품 등)부경대학교박물관(고고, 민속품 등), 동의대학교박물관(고고 · 민속 등),

경성대학교박물관(고고, 민속품 등), 국립대구박물관(고고, 민속품 등), 대구방짜유기박물관(방짜유기소재 민속품 등), 대구향토역사관(고고, 민속품 등), 전통산업박물관(고고, 민속품 등), 자연염색박물관(자연염색 및 섬유, 도구, 민속), 계명대학교 행소박물관(고고, 미술품, 민속품 등), 인천광역시립박물관(고고, 역사, 민속, 미술품 등), 수도국산달동네박물관(근현대 생활사자료), 부평역사박물관(지역사자료 민속유물), 강화역사박물관(고고, 민속자료), 가천박물관(의료생활사,고고미술,민속생활사,고서,근현대기록물,창간호외), 범패박물관(범패관련유물고사진, 민속유물관련사진, 고/외국화폐고서, 범패유물관련사진), 애보박물관(민속공예품), 한국전통음식박물관(민속주방사료), 인하대학교박물관(고서, 민속품), 광주김치박물관(옹기 등 생활용구), 한국미용박물관(고고 민속품 등), 전남대학교박물관(고고, 민속품 등), 대전역사박물관(고고,전적,서화, 고문서,민속품등), 대전선사박물관(고고,전적,민속유물등), 한밭교육박물관(교과서, 생활유물), 동산도기박물관(고고, 민속품 등), 충남대학교박물관(고고, 민속품 등), 한남대학교중앙박물관(고고, 민속품등), 대전대학교박물관(고고, 민속품 등), 장생포고래박물관(골각, 민속품 등), 울산대곡박물관(고고, 민속품 등), 울산박물관(고고,민속,역사등), 울산대학교박물관(고고, 민속품 등), 세종전통장류박물관(장류관련 민속품), 연기향토박물관(지류, 고문서,민속품), 국립여성사전시관(근현대 생활용품 등), 국립수목원 산림박물관(고문서, 민속품, 산림관련자료 등), 토지주택박물관(고고,민속,고문서등), 판교박물관(고고, 민속품 등), 안산향토사박물관(고고, 민속품 등), 최용신기념관(서지,민속품 등), 경기도박물관(고고,미술,민속,문헌자료등), 용인문화유적전시관(고고, 민속품, 지류등), 시흥역사자료전시관(고고, 민속품 등), 제암리3.1운동순국기념관(고고, 민속품 등), 이천시립박물관(고고, 민속품 등), 안성맞춤박물관(유기, 민속품 등), 하남역사박물관(고고, 민속품 등), 여주박물관(고문서, 민속품 등), 명성황후기념관(고문서, 민속품 등), 친환경농업박물관(역사, 민속,공예), 세미원연꽃박물관(고서, 민속품 등), 남양주역사박물관(고고, 민속품 등), 다산기념관(고고, 민속품 등), 가평현암농경박물관(고고, 민속품 등), 세주묘엄박물관(고고, 민속품 등), 재)한국등잔박물관(고고, 민속품 등), 예아리 박물관(민속, 생활사 등), 신영숙 콜렉션 박물관(토기, 민속품 등), 충현박물관(고문서, 민속품 등), 나비야놀자박물관(민속(생태)), 용주사효행박물관(역사,민속품 등), 덕포진교육박물관(교육,민속,전통문화), 사람박물관얼굴(고고, 민속품 등), 목아불교박물관(고고,민속품등), 여성생활사박물관(고고, 민속품 등), 옹청박물관(고고, 민속품 등), 환경재생조형박물관(민속,조각품), (재)중남미문화원병설박물관(고고, 민속품 등), 배다리박물관(술도구,민속품 등), 배다골민속박물관(민속품), 왈츠와닥터만 커피박물관(고고, 민속품 등), 두루뫼사료관(고고, 민속품 등), 한향림옹기박물관(옹기, 관련 민속품), 한국근현대사박물관(근현대자료 등),한과문화박물관(민속,전통도구), 경기대학교박물관(회화, 민속품 등), 신구대학 우촌박물관(고고,민속품 등), 명지대학교박물관(고고, 민속품 등), 용인대학교박물관(고고, 민속품 등), 단국대학교 석주선기념박물관(고고미술 민속복식), 수원대학교박물관(고고, 민속품 등), 협성대 성서고고학박물관(고고, 민속품 등), 한신대학교박물관(고고, 민속품 등), 국립춘천박물관(고고, 고미술, 민속 등), 춘천막국수체험박물관(민속품), 원주역사박물관(고고, 민속품 등), 오죽헌.박물관(고고, 민속품 등), 속초시립박물관(민속품 등), 마리소리골 악기박물관(민속품), 홍천향토사료관(민속사료, 농경사료 등), 정선향토박물관(민속품), LIUSEUM세계민족악기전시관(민족악기 등), 치악산민속박물관(자기, 민속품, 고서 등)강, 릉선교장박물관(민속, 가구, 서화전적류, 금속류 등), 동양자수박물관(자수, 민속품등), 영월초등교육박물관(도서,고고,민속등), 강원대학교 중앙박물관(고고, 민속품 등), 한림대학교박물관(고고, 민속품 등), 연세대학교 원주박물관(고고, 민속품 등), 강릉원주대학교 박물관(고고, 민속품 등), 카톨릭관동대학교박물관(고고, 민속품 등), 청주백제유물전시관(고고, 민속품 등), 충주세계무술박물관(민속품, 무기류), 충주박물관(고고, 민속품 등), 제천국제발효박물관(고고, 민속품), 충청북도산림과학박물관(생활유물, 서지류 등), 솔향공원 소나무 전시관(민속품등), 옥천향토전시관(민속생활용구,고서류, 토도류 등), 동곡박물관 (민속품 등), 가산박물관(고서, 고문서, 민속품), 청주대학교박물관(고고, 민속품 등), 괴산한지체험박물관(민속품), 충북대학교박물관(고고, 민속품 등), 한국교원대학교박물관(교육자료, 고고, 미속품 등), 중원대학교박물관(자연사, 민속품 등), 결성농요농사박물관(민속류), 고남패총박물관(고고, 민속품 등), 금산향토관(민속품), 정림사지 박물관(고고, 민속품 등), 천안박물관(고문서, 고서,민속품 등), 충청남도 역사박물관(고서, 고문서, 민속품, 근현대행정자료등), 기지시줄다리기 박물관(고고, 민속품 등), 보령박물관(고고, 민속품 등), 계룡산 자연사박물관(지질,육상해양생물, 민속자료), 한국식기박물관(민속류), 국립전주박물관(고고, 민속품 등), 전주역사박물관(서지류 생활용품), 군산근대역사박물관(역사,민속품 등), 정읍시립박물관(고고, 민속품 등), 남원향토박물관(고고, 민속품 등), 벽골제농경문화박물관(생업, 민속 등), 대한민국 술박물관(고서, 고문서, 민속룸, 생활유물 등), 진안역사박물관(고고, 민속품 등), 순창장류박물관(고고, 민속품 등), 원불교역사박물관(고고, 민속품,금속,토기,의류), 전북대학교박물관(고고, 민속품 등), 군산대학교박물관(고고, 민속품 등), 우석대학교박물관(고고, 민속품 등), 원광대학교박물관(고고, 무속, 고문서등), 전라남도농업박물관(농기구, 민속품 등), 전라남도산림박물관(표본, 어로, 민속), 목포생활도자박물관(생활도자기 등), 뿌리깊은나무박물관(고서, 회화, 민속품 등), 기독교역사박물관(고고, 민속품 등), 나주배박물관(고고, 민속품 등), 한국천연염색박물관(민속품, 섬유등), 백호문학관(지류, 민속품 등), 한국차박물관(고고, 민속품 등), 전라병영성 하멜기념관(고고, 민속품 등), 홍길동 전시관(고고, 민속품 등), 진도역사관(민속품및 서화류), 하의3도농민운동기념관(민속품), 화엄사성보박물관(고고, 민속품 등), 우리삶문화옥당박물관(서적, 민속품 등), 목포대학교박물관(고고, 민속품 등), 순천대학교박물관(고고, 민속품 등), 국립경주박물관(고고, 민속품 등), 옥진각(고고, 민속품 등), 인삼박물관(민속, 공예품 등), 상주박물관(고고, 민속품 등), 군위숭덕박물관(민속품, 토도류, 전적류), 의성조문국박물관(고고, 민속품 등), 영양산촌생활박물관(민속품 등), 청도박물관(고고, 민속품 등), 대가야박물관(고고, 민속품 등), 안동소주박물관(민속자료, 음식모형), 동국대학교 경주캠퍼스박물관(고고, 민속품 등), 경주대박물관(고고, 민속품 등), 위덕대학교박물관(고고, 민속품 등), 안동대학교박물관(고고, 민속품 등), 대구대학교 중앙박물관(고고, 민속품 등), 영남대학교 박물관(민속인류,고고미술), 대구가톨릭대학교 역사박물관(고고, 민속품 등), 대구한의대학교박물관(고고, 민속품 등), 동양대학교 박물관(고고, 민속품 등), 경북과학대학교박물관(고고, 민속품 등), 남부산림과학관(고고, 민속품 등), 창원시립마산박물관(민속품 및 근대자료류 등), 시립진해박물관(민속품 등), 진주청동기문화박물관(고고, 민속품 등), 통영시립박물관(고고, 민속품 등), 대성동고분박물관(고고, 민속품 등), 양산시립박물관(고고, 민속품 등), 의병박물관(고고, 민속품 등), 함안박물관(고고, 민속품 등), 창녕박물관(고고, 민속품 등), 고성박물관(고고, 민속품), 고성탈박물관(민속품), 남해유배문학관(고고, 민속품 등), 함양박물관(고고, 민속품 등), 거창박물관(고고, 민속품 등), 합천박물관(고고, 민속품 등), 지리산빨치산전시관(빨치산의무기류생활용품), 지리산역사관(농기구등민속품), 하동농업전통문화전시관(농기구등민속품), 거제박물관(고고,민속품,고서,서화류 등), 해금강테마박물관(근현대생활자료, 해양유물, 독도관련자료등), 거제민속박물관(옹기류, 고가구, 고서,농경,민속), 합천한의학박물관(고고, 민속품), 매암차문화박물관(도자기 및 민속품 등, 전통건강의학식품), 장생도라지박물관(고고, 서적, 민속품), 창원대학교박물관(고고, 민속품 등), 경남대학교박물관(고고유물, 고서, 고문서, 민속품 등), 경상대학교박물관(고고, 민속품 등), 진주대학교박물관(교과서, 고고, 민속품 등), 제주돌문화공원(민속품, 자연석 등), 해녀박물관(민속품), 제주4 · 3평화기념관(문서, 생활용품 등), 설문대여성문화센터여성역사문화전시관(여성생활사 자료 등), 제주목 관아(고고, 민속품 등), 제주항일기념관(고고, 민속품 등), 감귤박물관(민속, 농기구 등), 닥종이인형박물관(닥종이 인형, 근현대사 자료), 초콜릿 박물관(남미민속공예 등), 한림공원(동물, 민속유물, 수석 등), 탐라신화공원(민속자료등), 본태박물관(민속품 등), 제주대학교박물관(고고, 민속품 등) 등이 있다. (문화체육관광부, 『2015 전국 문화기반시설 총람』, 2015)

7 포크(folk)는 민간, 서민이고 로어(lore)는 전승, 지식으로 이를 민간전승이라 할 수 있다. 곧 민간학으로 민중이나 민족을 의미한다. 반면 폴크스쿤데(Volks kude)는 민족학 전반을 의미한다.

8 김부식(1075~1151년)은 신라왕실의 후손으로 1096년 과거에 급제한 후 사록참군사, 중서사인, 어사대부, 호부상서 한림학사승지 등을 거쳐 1132년 수사공 중서시랑 동중서문하평장사에 올랐으며 이자겸의 난과 묘청의 난 당시 반란군을 진압한 공로로 수충정난정국공신에 책록된 정치가이다. 이후 관직에서 물러난 이후 왕명에 따라『삼국사기』의 체제를 작성하고 사론을 직접 썼다.

9 『삼국사기』는 1145년 김부식이 주체가 되어 최산보, 이온문, 허홍재, 서안정, 박동계, 이황중, 최우보, 김영온 등의 참고(參考)와 김충효, 정습명 등의 관구(管句) 등 총 11명의 편사관이 인종의 명을 받아 편찬한 삼국시대의 정사(正史)이다. 중국과 우리나라의 각종 고서가 거칠고 조렬한 필체와 소략된 부분이 많아 우리만의 시각으로 재편집하여 정리하였다. 고대 역사서에서 등장하는 비현실적인 내용은 철저하게 배제하였고 유교적 입장에서 합리성과 객관성을 바탕으로 권장 및 징계할 부분을 사실(史實) 위주로 서술하였다.
『삼국사기』는 본기(本紀), 지(志), 표(表), 열전(列傳)으로 구성되어 있다. 본기는 신라 12권, 고구려 10권, 백제 6권으로 구분하여 정치, 전쟁, 외교, 천재지변 등을 기록하였고, 지는 제사(祭祀)·악(樂)·색복(色服)·거기(車騎)·기용(器用)·옥사(屋舍)·지리(地理)·직관(職官) 등을 기록하였다. 표는 기원전 57년부터 기원후 935년까지 연표로 간략하게 정리하였다. 열전은 70여명의 인물을 위국충절의 입장에서 정리하였다.

10 일연(1206~1289년)은 경북 경산 출신의 승려로 1219년 전라도 광주 무량사에서 승려가 되었고, 1227년 승과에 급제한 후 삼중대사, 선사, 대선사가 되었다. 이후 선월사 주지를 지냈고, 대장경낙성회(大藏經落成會)를 조직하여 맹주가 되었다. 1277년 운문사 주지가 되었고, 1284년 경상북도 인각사를 중건하였으며, 궁궐에서는 구산문도회를 여는 한편 국존으로 추대되었고 1289년 다시 귀향하여 수도에 정진하다 열반하였다. 일연은 주체적인 역사의식을 갖고 고려 후기 이민족의 침략과 무신정변 등으로 혼란스러웠던 시기 민족의 자주의식을 고취시키기 위하여『삼국유사』뿐만 아니라『어록』,『계승잡저』,『조도』등 100여권의 서적을 저술한 학자이다.

11 『삼국유사』는 1281년 일연이 불교사관에 입각하여 편찬한 삼국시대 야사(野史)이다.『삼국사기』에서 지나치게 합리성을 강조하여 소홀하게 다룬 자료들을 주목하여 단군조선, 삼국, 가야, 이서국 등의 신화, 전설, 신앙과 불교 설화 및 향가 등을 기술하였다.
『삼국유사』는 5권에 9개의 편목으로 구성되어 있다. 1~2권에는 왕력(王曆)과 건국 및 왕의 사적을 다룬 기이(紀異)를 기록하였고, 3권에는 흥법(興法), 탑상(塔像) 등 불교 승려의 사적과 불상 등의 일화를 기록하였고, 4권에는 의해(義解)인 고승들의 학업과 공적을 다루었고, 5권에는 신주(神呪), 감통(感通), 피은(避隱), 효선(孝善) 등으로 정리하였다.

12 『동국이상국집』은 1241년 이규보가 지은 문집이다. 전집은 시·부(賦)·전(傳)을 비롯한 각종의 문학적인 글들이 25권을 이루고, 나머지는 서(書)·장(狀)·표(表) 등 개인적인 편지 및 관원으로서 나라에 바친 글들, 교서·비답·조서 등 임금을 대신해 작성한 글들, 비명·뇌문(誄文)·제축(祭祝) 등 장례나 제사, 불교행사에 쓰인 글들이 담겨 있다.
(한국민족문화대백과, http://terms.naver.com/entry.nhn?docId=1083969&cid=40942&categoryId=32868)

13 『목은집』은 1404년에 간행된 이 책은 13년간 세상에 유포되었지만, 1417년 음양참위서(陰陽讖緯書)를 금하는 율령이 내려지자 이색의 문집도 수거되기 시작하였다. 이색의 시·문은 방대한 양일 뿐 아니라, 간행하기 어렵기 때문에 시와 문을 갈라서 따로 간행하기도 하였다.
이색의 시문은 문학 작품으로서 높은 가치를 지니고 있을 뿐만 아니라, 여말의 지식인 사회와 정치 상황을 알아보는 사료로서도 귀중하다. 또한, 당시 이색이 교유한 지식인과 정치 담당자들의 전기적 자료가 대부분이다. 정치·사회에 관한 원천적 사료라 할 수 있다.
(한국민족문화대백과, 한국학중앙연구원,
http://terms.naver.com/entry.nhn?docId=546181&cid=46649&categoryId=46649)

14 『고려도경』은 1123년 고려 중기 송나라의 사신인 서긍이 지은 책으로 『선화봉사고려도경(宣和奉使高麗圖經)』이 원제목이다. 당시 고려의 여러 가지 실정을 그림과 글로 설명한 책으로 모두 28문(門)으로 나누었고, 다시 300여 항으로 세분하였다. 형상을 그릴 수 있는 것은 먼저 글로써 설명하고 그림을 덧붙이는 형식을 취하였다.
(한국민족문화대백과, 한국학중앙연구원,
http://terms.naver.com/entry.nhn?docId=567329&cid=46621&categoryId=46621)

15 살만교는 원시적인 다신교로 살만교의 성직자들을 살만이라고 불렀다.(멍펑싱, 『중국을 말한다 14』, 신원문화사, 2008, 35쪽.)이러한 무속신앙에 대한 정리로 『살만교차기』라는 서적을 출간하였다. 이 책에는 '샤만교란 무엇인가', ' 샤만의 교화권', '샤만이란 무엇인가', '샤만의 삼직능', '샤만의 이종별', '샤만의 사자관계', '샤만과 남녀성', '샤만의 성적변환', '샤만의 사회 지위', '샤만의 흑백양파', '백샤만의 원위', '샤만의 분화종목', '샤만의 수행기' 등으로 이루어져 있다.

16 불함문화론(不咸文化論)은 일본 관학자들의 단군말살론(檀君抹殺論)과 일본인과 조선인은 뿌리가 같다는 일선동조론(日鮮同祖論), 한민족의 문화적 독창성 결여론 등의 식민사관에 맞서 단군신화의 주무대인 백두산에서 비롯된 한족이 문화의 중심을 이룬 동방문화가 고대 문화의 원류라고 주장하는 학설이다. 이를 위해 최남선은 역사 · 종교 · 신화 · 민속 · 인류학 등 모든 문화형성에 관련된 학문을 동원해 설명하고자 하였다.
즉, 백(白)은 신 · 하늘 · 해를 뜻하는 '박(Park)'을 대신하는 고어로, 동방문화의 원류를 '박(Park) 사상'으로 파악했다. 동이족이 생활하던 여러 지명에는 소백산 · 태백산과 같이 '백'자가 들어가는 곳이 많이 나오는데, '백산(白山)'은 태양신에게 제사를 지내는 장소를 지칭한다. 이 중에서 태백산, 즉 백두산이 그 중심이 되어 백(不咸)을 숭상하는 불함문화권이 고대 문화의 원류를 형성했으며, 조선은 이 문화권의 중심이라는 설명이다.

17 『조선여속고』는 1927년 동양서원에서 발행한 책이다. 미국인 임락의 『오주여속통고(五州女俗通考)』에 조선의 여인들은 "어린아이가 울면 고양이가 온다고 어른다(兒啼脅文日猫來云)."는 것 외에는 아무것도 적혀 있지 않아 임락의 무식을 탓하기 전에 우리나라의 여속 문헌이 없는 탓이라 하여, 그러한 문헌을 작성하기 위하여 이 책을 쓴다고 서문에서 밝히고 있다. 이능화는 우리나라 여속을 고루 다루려 하였음에도 불구하고 여성의 사적 전개이며 여성문화의 맥락을 체계 있게 다루지 못하고 있다. 이 책은 여러 가지 아쉬움을 지니고 있지만 여성을 종합적으로 구명하려는 저술로서는 최초의 서적이다.

18 김소운은 1920년 일본의 동경 가이세이중학교 야간부에 입학하였다가 관동대지진으로 중퇴하였다. 이후 1929년 매일신보 학예부원으로 근무했으며, 1931년 일본으로 가 아동교육기관을 경영하여 청소년 교육에 힘썼다. 1952년 베네치아 국제예술가회의에 한국 대표로 참석하였고, 이후 일본에 체류하는 동안 1956년 『코리안 라이브러리』를 발행하기도 했다. 자의 또는 타의로 34년간 일본에 체류하였던 경험을 바탕으로 일본과의 관계를 다룬 문학활동을 시행해왔다. (네이버 백과사전)

19 손진태는 민간신앙과 구비전승을 연구하고, 역사학도 입장에서 문헌학적인 연구와 현지조사를 꾸준히 진행한 인물이다. 광복전에는 『조선신가유편』, 『조선민담집』을, 광복 후에는 『조선민족설화연구』, 『조선민족문화의 연구』 등을 편찬하였다. 당시 한국 민속학 연구 영역과 방법을 고고학, 인류학, 민속학, 사회학, 문화사로 심화시켰다. 하지만 1950년 납북되어 생사를 알 수 없다.

20 송석하는 고종의 시종부경(侍從副卿)을 지낸 송태관의 장남으로 1922년 부산 제2상업학교를 졸업하고 일본 동경상과대학에 유학하였다가, 1923년 관동대지진으로 귀국하였다. 이후 민속에 관심을 두고 1932년에는 손진태 · 정인섭 등과 함께 조선민속학회를 창립하여 민속학의 동인연구지 『조선민속』을 발행하였다. 또한 1934년 이병도 · 김두헌 · 손진태 · 이병기 · 조윤제 등과 함께 진단학회 창설의 발기인으로 참여하여 이 학회의 발전에 공헌하였다. 광복 이후에는 한미문화협

력에 참여하는 한편, 미군정청의 문정관으로 와 있던 인류학자 크네즈(Knez, E.I.)의 도움을 얻고 자신이 수집한 많은 민속자료를 토대로 하여 국립민족박물관을 1946년에 개관하였다. 더불어 서울대에 인류학과를 설치하고 강의를 담당하며 민속학을 인류학으로 전환시켜 나아가고자 노력하였다. 하지만 병약해서 뜻을 다 펴지 못하고 별세하였다.

21 송석하를 비롯한 일본인 학자의 출판기념회 겸 민속학 회의에 참석한 회원들의 사진이다.

22 허북풍의 원고를 송부한다는 내용과 민속학회지 20부와 원고가 필요하다는 내용이다. 함북 회령읍 북풍서방에서 조선민속학회로 보낸 편지이다.

23 홍연주, 「한국 민속의 새로운 의미와 민속 기록의 성격 변화」, 서울대학교 석사학위논문, 2013, 10쪽.

24 조상의 덕을 생각하여 제사에 정성을 다하고 자기가 태어난 근본을 잊지 않고 은혜를 갚는다.

25 김유선, 「세시풍속을 활용한 박물관 가족교육프로그램 발전 방안 연구」, 중앙대학교 석사학위논문, 2014, 18쪽.

26 최종호, 「박물관학에서 바라보는 문화교육」, 문화예술교육연구, 2006, 60쪽.

27 민주면은 조선시대 중기 문인으로 1648년 진사가 되고 1653년 알성문과에 장원하고, 성균관전적, 공조 · 예조 · 병조의 좌랑, 춘추관기사 · 황해도도사 · 병조정랑 · 성균관직강 · 장흥현감 · 충청도도사 · 시강원사서 · 사간원정언 · 사헌부지평 등을 역임하였다.
1660년 인천부사로 임명되어서는 그곳에 있는 자연도(紫燕島)에 대한 국방시설을 엄중히 하여 후환이 없게 하였다. 그뒤 길주목사를 거쳐 광주부윤으로 초수(超授)되었으며, 내직에 들어와서는 승정원동부승지 · 장례원판결사 · 승정원승지를 역임하였다.
1669년 경주부윤으로 임명되어서는 특히 궁핍한 부민에 대한 시혜가 돈독하여 부민으로부터 칭송이 자자하였고, 『동경지(東京志)』 3권을 새로 증보하기도 하였다. (한국민족문화대백과, 한국학중앙연구원)

28 조선 정조 때의 북학파 학자이자 규장각 4검서(檢書)의 한 사람이다. 역사 방면에 뛰어난 저술을 남겼으며, 문학에도 뛰어나 한시사가(漢詩四家)의 한 사람으로 꼽힌다. 저술 가운데 『발해고』를 통해 발해의 역사적 중요성을 강조하며 '남북국시대론'의 효시를 이루었다. (네이버 지식백과)

29 김매순은 1795년 정시문과에 병과로 급제하여 검열 · 사인을 거쳐 초계문신(抄啓文臣)이 되었고, 그뒤 예조참판을 거쳐 1821년(순조 21) 강화부유수를 역임하였다. 그는 당대의 문장가로 홍석주 등과 함께 명성이 높았으며, 고종 때 판서에 추증되었고, 시호는 문청(文清)이다. 저서로는 『대산집』 · 『대산공이점록(臺山公移占錄)』 · 『주자대전차문목표보(朱子大全箚目問標補)』 · 『궐여산필(闕餘散筆)』 · 『열양세시기(洌陽歲時記)』 등이 있다. (한국민족문화대백과, 한국학중앙연구원)

30 홍석모는 순조 때 음사(蔭仕)로 남원부사(南原府使)에 이르렀고, 뚜렷한 관계 진출은 보이지 않는다. 말년에 자신의 시문집을 정리 편찬하고 풍속에도 관심을 가져 『동국세시기』등을 저술하기도 하였다. 그는 9세부터 70세에 이르기까지 연월(年月)의 순서에 따라 총 21책으로 정리된 시집을 남겼다. 청나라에 여러 해 사신을 다녔던 사실, 「풍악록(楓岳錄)」과 기행시, 「연날리기(紙鳶)」 · 「널뛰기(跳板)」 · 「윷놀이(擲柶)」 · 「봉화(烽火)」 · 「담배(南草)」 · 「안경(眼鏡)」 · 「자명종(自鳴鐘)」 등의 풍물시 등이 주목된다. (한국민족문화대백과, 한국학중앙연구원)

31 민속 해설서로 우리 나라의 연중행사 및 풍습을 설명한 책으로 정월부터 12월까지 1년간의 행사와 풍속을 23항목으로 분류, 설명하고 어느 날의 것인지 분명하지 않은 것은 월내(月内)라 하여 그 달 안의 끝에 몰아서 설명했으며, 윤달(閏月)에 관계되는 것도 실었다.
민속을 해설한 책 중에서 가장 상세하고 세밀하나 너무 광범위하게 취급하려는 데서 온 과오로 이미 없어진 민속도 실었다. 많은 문헌을 이용하여 고증하고 시원(始原)과 유래까지 밝히고 있어 고대 풍속 연구의 좋은 자료가 되고 있다. 1911년 광문회에서 김매순의 『열양세시기(洌陽歲時記)』, 유득공의 『경도잡지(京都雜誌)』와 합본하여 활자본으로 간행했다.
(국어국문학자료사전, 1998, 한국사전연구사)

32 4대 명절은 모두 제의적인 성격을 가지고 있으며, 실제로 제의를 치르기도 하지만 기본적인 제의성 위에 놀이적이거나 유희적 기능도 함께 갖고 있다. 설날과 단오는 중국의 풍습을 그대로 수용하거나 우리의 것으로 변형한 복합적인 수용형태를 보이며, 한식은 중국의 것을 단순 수용하였고, 추석은 중국의 풍습과는 매우 다른 명칭만 수용하였다. (박선영, 「세시복식(歲時服飾)의 의미와 상징에 관한 연구」, 중앙대학교 박사학위논문, 2012, 19쪽.)

세시풍속 명칭	계절	수용성격	풍속 기능
설날	겨울	복합적 수용	제의적, 연희적
한식	봄	단순 수용	제의적
단오	여름	복합적 수용	유희적, 놀이적
추석	가을	명칭 수용	제의적, 유희적

33 이진하, 「세시풍속과 연계한 유아국악교육의 지도방안 연구」, 중앙대학교 석사학위논문, 2011, 13쪽.

34 국립민속박물관, 『한국세시풍속사전』, 정월~겨울 5권, 국립민속박물관, 2005

35 이진하, 「세시풍속과 연계한 유아국악교육의 지도방안 연구」, 중앙대학교 석사학위논문, 2011, 19쪽.

36 동지는 아세(亞歲), 작은설, 태양의 부활, 호랑이 장가 가는 날이라 불렀다. 동지때 행하던 풍습으로는 다음과 같다. 첫 번째, 회례연이다. 궁중에서는 원단(元旦)과 동지를 가장 으뜸 되는 축일로 생각하여 동짓날 군신(君臣)과 왕세자(王世子)가 모여 잔치, 해마다 중국에 예물을 갖추어 동지사(冬至使)를 파견하여 이날을 축하하였고, 지방의 관원(官員)들은 임금에게 전문(箋文)을 올려 진하(陳賀)하였다. 두 번째, 달력이다. 『동국세시기(東國歲時記)』에 "관상감(觀象監)에서는 새해의 달력을 만들어 궁에 바친다. 나라에서는 이 책에 동문지보(同文之寶)라는 어새를 찍어 백관에게 나누어 주었다." 달력은 내용이나 효용도에 따라서 많이 다르다. 특히 옛날에는 농경 본위의 사회였던 만큼 24절기 등 때에 맞추어 농사를 짓기 위해서는 달력이 요긴하였다. 세 번째, 팥죽이다. 팥죽을 쑤어먹지 않으면 쉬이 늙고 잔병이 생기며 잡귀가 성행한다는 속설이 있다. 팥을 고아 죽을 만들고 여기에 찹쌀로 단자를 만들어 넣어 끓이는데, 단자는 새알만한 크기로 하기 때문에 새알심이라 부른다. 네 번째, 동지고사이다. 팥죽을 다 만들면 먼저 사당에 올려 동지고사(冬至告祀)를 지내고, 각 방과 장독, 헛간 같은 집안의 여러 곳에 놓아두었다가 식은 다음에 식구들이 모여서 먹는다. 사당에 놓는 것은 천신의 뜻이고 집안 곳곳에 놓는 것은 축귀의 뜻이어서 이로써 집안에 있는 악귀를 모조리 쫓아낸다고 믿었다. 이것은 팥의 붉은색이 양색(陽色)이므로 음귀를 쫓는 데 효과가 있다고 믿었기 때문이다.

37 동연, 「한국의 설날과 중국의 춘절 풍속 비교 연구」, 부산외국어대학교 석사학위논문, 2009, 19쪽.

38 설날이라는 명절을 삼기 위해서는 역법(曆法)이 필요한데 당시 부여에서 역법을 사용하여 설날을 명절로 삼았을 것으로 보인다.

39 원근(遠近) 자손들이 모두 장손집에 모여 조상에게 세배하는 것으로 부모, 조부모, 증조부모, 고조부모 등 4대조에 대한 제사를 지낸다.

40 덕담으로 '올해는 꼭 생남하시오', '부디 승진하시오', '돈 많이 버시오' 등이 있다.

41 중국과 우리나라 북부에서는 각각 만두와 만둣국을 중부와 남부에서는 떡국을 먹는다. 또한 술은 세주(歲酒)로 데우지 않고 찬술을 그대로 마신다. 『경도잡지』 「원일조(元日條)」에 따르면 "세주불

온 우영춘지의(歲酒不溫寓迎春之意)”라는 기록이 있어 봄을 맞는 뜻을 포함하고 있다. 옛날에 세주로 마신 술은 초백주(椒柏酒)와 도소주(屠蘇酒)가 있었으며, 이들은 중국에서 유래한 세주이다.

42 『동곡세시기』에 따르면 “설날에 도화서에서 도교풍 신상(神像)을 그려 임금에게 바치고 사대부간 선물로 보냈던 풍속이 세화(歲畵)로 발전하여 민간에서 설날에 방액을 목적으로 그리게 되었다.” 라고 기록되어 있다.

세화에 나타나는 문양은 다음과 같다. 크게 동물형과 식물형으로 구분할 수 있다.

1) 동물형

(1) 용(龍)

용은 상상의 동물로 사영(四靈) 중에 으뜸이다. 전설 속에서 용은 구름에서 학과 연애하여 봉황을 낳았고 땅에서는 빈마(牝馬)와 결합하여 기린을 낳았으며 사자는 용의 자식이라고 할 정도로 천변만화(千變萬化)가 무궁하다고 여겼다. 용은 풍요와 안전을 기원하며 권위를 상징한다. 민간에서는 대문에 붙여놓고 액을 막도록 하였다.

(2) 학(鶴)

십장생의 하나인 학은 천년 장수하는 서조(瑞鳥), 선학(仙鶴)으로 우아하고 청초하여 장수문(長壽紋)으로 여겼다. 학은 중국의 길상과 신성사상에서 비롯되었으며, 사각형과 원형에 주로 쌍학(雙鶴)을 도안화하였다. 특히 문관의 흉배와 궁중 의복에 많이 사용되었다.

(3) 박쥐(蝙蝠)

박쥐는 한자 표기 편복(蝙蝠)의 복(蝠)이 복(福)과 같은 소리를 낸다고 하여 복을 상징한다. 박쥐 두 마리를 쌍으로 배치한 무늬는 쌍복(雙福)을 의미하여 복이 겹쳐서 들어오라는 염원을 담고 있고, 박쥐 네 마리의 중간에 목숨 ‘수(壽)’를 배치하여 오복을 기원한다. 뿐 아니라 강한 번식력의 박쥐는 다남과 장수를 뜻한다.

(4) 어문(魚–잉어 · 붕어)

물고기 형상은 신석기 시대부터 발견되는 문양이다. 이는 당시 어렵생활과 관련되어 풍어를 기원하는 주술적인 의미를 지니고 있었기 때문이다. 이러한 물고기는 눈을 감지 않는다고 하여 재물을 감시하는 수호의 역할을 담당하였다. 또한 “어약용문(魚躍龍門)”이라 하여 등용과 출세를 의미하였으며, 알을 많이 낳아 다산의 표상으로도 여겼다.

(5) 호랑이(虎)

호랑이(虎)는 재앙을 몰고 오는 맹수로 경계의 대상이 되기도 하지만 대부분은 인간의 편에 서서 잡귀를 물리치는 영물이었다. 따라서 토속신앙에서 범은 뱀 · 두꺼비 · 도마뱀 · 지네 등의 오독(五毒)을 물리치는 산신의 사자이다. 그렇기에 조선시대에는 매년 정초가 되면 민가에서 범문(虎紋)을 그려 용문(龍紋)과 함께 대문이나 중문에 붙여 잡귀를 쫓는 풍습이 있었는데, 이 때 호랑이는 벽사의 주재자로서의 의미를 지닌다.

(6) 사슴(鹿)

심산(深山)에 거처하는 동물로서 약초(藥草)를 먹기 때문에 불로장생(不老長生)한다는 영수(靈獸)로 알려져 있다. 도교의 성립으로 십장생(十長生) 중의 하나가 되었다.

(7) 닭(鷄)

닭은 밝음을 예고하는 새로 시간을 알리는 신조(神鳥)이며 마귀를 쫓는 길조(吉鳥)이다. 또한 문(文), 무(武), 용(勇), 인(仁), 신(信)의 오덕(五德)을 갖춘 영물로 공명과 용맹한 기상을 상징한다.

2) 식물형

(1) 석류(石榴)

석류의 열매는 붉은 주머니 속에 빛나는 씨앗들이 들어 있어 다남자(多男子)를 연상시킨다. 석류를 불로초와 그릴 때는 백자장생(百子長生)의 뜻을, 황조(黃鳥)와 함께 그려질 때에는 금의백자(金衣百子)의 의미를 담고 있다.

(2) 천도(天桃)
전설의 곤륜산에 살고 있는 신선 서왕모(西王母)가 가꾸었다는 천도는 3천년 만에 한 번 꽃이 피고 열매가 열린다고 한다. 이를 먹고 삼천갑자(三千甲子)를 장수했다는 전설로 인하여 장수를 상징한다.

(3) 연화(蓮花)
연화는 삼국시대부터 불교에서 이야기하는 창생(蒼生)과 수복멸죄(修福滅罪)를 기원하는 문양으로 사용되었다. 그러나 조선시대 숭유억불정책으로 연화는 도리어 유교에서 많이 쓰인다. 연꽃이 진흙 속에서도 밝고 깨끗하게 피어나는 생태적 습성을 지니고 있어 강직한 선비의 기품과 깊은 관련이 있었기 때문이다. 그렇지만 일반적으로 연꽃은 꽃과 열매가 함께 나란히 생겨나기 때문에 자손을 얻는다는 의미를 갖고 있다. 또한 연꽃은 뿌리가 사방으로 널리 퍼져 같은 뿌리의 마디마다 잎과 꽃이 자라는 생태적 특징을 지니고 있다. 이는 사람들이 근본을 같이 한다는 의미로 '교련합우(巧蓮合藕)'라는 말을 쓰기도 한다.
연꽃과 함께 원앙을 등장시켜 부부화목을 상징하기도 한다. 물고기와 그려지는 경우 '연년유여(延年有餘)'의 의미로 재물이 풍부하여 모자람이 없고 정신적 여유가 항상 유지되기를 기도하였다. 그리고 연실(蓮實)을 쪼는 새를 표현한 문양은 득남의 기원을 담고 있으며, 연밭에서 동자들이 놀고 있거나 동자가 연꽃을 들고 있는 것은 연생귀자(蓮生貴子)를 의미한다. 연당 주변의 풍경과 함께 그려진 경우 인간사의 즐거움과 부부의 금실이 좋기를 바라는 마음을 담은 것이다.

(4) 모란(牧丹)
모란은 색채와 크기가 화려하기 때문에 화중왕(花中王)으로 일컬어진다. 이러한 모란은 당대(唐代)에 전래된 것으로 번영 창성의 꽃으로 행복을 상징하며 부귀영화나 길상의 문양으로 널리 사용되었다. 모란문의 풍만한 화변(花辯)을 전 계층이 두루 애용하는 이유이다.
모란 문양은 장미와 함께 배치하면 부귀장춘(富貴長春)을, 수선화와 같이 그리면 신선부귀(神仙富貴)를 의미한다. 수석이나 복숭아와 더불어 나타내면 장명부귀(長命富貴)의 뜻을 담아낸다.

(5) 대나무(竹)
대나무는 속이 비어있으면서도 강하고 유연한 성질과 사계절에도 색이 변치 않는 특성을 가지고 있다. 따라서 군자의 품격과 절개의 상징으로 애호되었던 식물이다. 노리개에서 대나무는 주로 길고 가느다란 대나무의 잎만을 표현한 것이 대부분이고 투호, 방아다리 등에서 부가문양으로 많이 쓰인다. 그러나 생활문양에서의 대나무는 세속적인 의미를 담고 있는 경우가 많다. 예컨대 수(壽)를 상징하는 바위와 함께 등장시켜 축수(祝壽)의 의미를 나타낸다. 「담문록(談聞錄)」에 나타난 설화와 관련하여 벽사의 의미를 지니기도 한다. 이는 대나무가 타면서 터지는 소리에 귀신이 달아난다는 속설에 의한 것으로 세시에 폭죽을 터뜨리게 되는 연원이다.

(6) 소나무(松)
소나무는 유교적 절의와 지조의 상징으로 추운 겨울에도 그 빛을 잃지 않는 데서 조선시대 애용했던 문양이다. 탈속과 풍류의 상징이며 장수를 기원하는 염원을 담고 있다.

43 장작윷은 주로 중부지방에서 널리 분포된 것으로 박달나무, 통싸리 나무, 밤나무를 길이로 반쪽을 내어 4가락으로 만들어 사용한 것이다. 가락윷은 엿가락처럼 생겼다고 붙여진 이름으로 엄지손가락 굵기에 길이가 한 뼘정도로 가장 일반적인 윷이다. 밤윷은 주로 남부지방에서 유래된 것으로 밤알처럼 작어서 붙여진 이름이다. 은행윷 및 살구윷은 윷가락 대신 은행알, 살구씨의 한쪽을 색칠해 윷으로 사용하였다. 콩 및 밭윷은 밤윷의 변형으로 북부지방에서 콩이나 팥 두 알을 가지고 그 절반을 쪼개어 종지에 넣고 그것을 흔들어서 땅바닥에 던져 놀았는데 그 사용하는 재료에 따라 콩이면 콩윷, 팥이면 팥윷이라 한다. 주사위는 각면에 도, 개, 걸, 윷, 모, 영(꽝)을 만들어 각

해당하는 윷가락 그림을 그려 넣은 것과 주사위의 각 면에 점의 수로 표시한 주사위 윷이 제시되어 있다. (현희선, 「윷놀이와 고누놀이 관련 확장활동이 유아의 수학능력에 미치는 영향」, 한국교원대학교 석사학위논문, 2010. 8~9쪽.)

44 널뛰기의 유래를 보면 첫 번째, 부녀자들의 외출이 자유롭지 못했던 때에 담장 밖의 세상 풍경과 거리의 남자를 몰래 보기 위해서 널을 뛰었다는 것이다. 두 번째, 옥에 갇힌 남편을 보기 위해 부인들이 도모하여 널을 뛰면서 담장너머로 옥 속에 있는 남편들의 얼굴을 번갈아 가며 엿보았다는 데서 유래하였다. 세 번째, 처녀 시절에 널을 뛰지 않으면 시집을 가서 아기를 낳지 못한다. 네 번째, 널뛰기를 하면 1년 내내 가시에 찔리지 않는다. (우배식, 「널뛰기 운동이 초등학교 학습자의 체력 향상에 미치는 영향」, 한국교원대학교 석사학위논문, 1999, 19쪽)

45 연에 관한 최초의 기록은 『삼국사기』 41권 「열전」 김유신조에서 찾을 수 있다. 김유신장군이 비담의 난 당시 반란군을 평정하기 위하여 처음 연을 만들어 전략적으로 사용했다는 것이다. 이는 우리나라 연이 삼국시대때 공중에 띄우는 연을 사용했다고 볼 수 있는 대목이다. 이후 『동국세시기』에 따르면 고려시대 최영장군이 탐라의 목호 반란을 평정할 때 연을 이용한 기록이 있었으며, 조선시대 남이장군도 강화도에서 연을 즐겨 날렸다는 기록과 이순신장군은 섬과 육지의 연락수단으로 연을 이용했다는 기록이 있다. 특히, 조선시대 영조는 연날리기를 좋아하여 연을 구경하고 장려하여 1725년~76년 무렵에는 연날리기가 널리 민중에 보급되었다. 광복이후에는 정부정책에 따라 1954년 문화공보부차원에서 연날리기 대회를 개최하였고, 1956년 한국일사 주최 전국연날리기 대회를 열어 연의 보급을 장려했다.(이태백, 「한국 전통연의 역사적 연구」, 한양대학교 석사학위논문, 2011, 21~23쪽.) 즉, 우리나라 연은 원래 군사적 목적으로 사용하였으나 점차 연날리기를 놀이로 삼게 되었고, 민속과 결합되어 조선시대에 들어와 연을 날리는 시기가 섣달부터 정월 대보름으로 고정되었다.

46 불교에서는 성불도(成佛道)를 바탕으로 지옥으로부터 불교의 진리에 대한 각오를 지칭하는 대각(大覺)에 이르기까지 그 사이 모든 천상계인 제천제계(諸天諸界)를 윤목 육면(六面)에 나무아미타불 여섯 자를 써서 던짐을 따라 옮기며 올라가고 내려와서 승부를 정하는 놀이가 있었다. 이를 조선시대 하륜이 조선의 관직체계를 반영하여 승경도를 만들었던 것으로 보인다.

47 농악대가 마을 가가호호(家家戶戶)를 돌며, 동네 굿을 쳐주는 것으로 쌀과 돈을 거두어 공동으로 사업비를 충당한다. 농악은 생산활동과 밀접한 연관이 있고, 주력으로서 신앙의 힘에 뒷받침된다. 즉, 사람에게 공감을 주는 오락의 기능도 가지고 있어 향토 예능으로 큰 몫을 차지하고 있다.

48 우리나라 정월대보름 행사를 정리하면 다음과 같다.(오정화, 「한 · 중 정월 세시풍속의 기능별 비교 연구」, 경희대학교 석사학위논문, 2009, 52쪽.)

삼국시대	약밥, 제사, 돌싸움, 오곡밥
고려시대	연등회, 약밥, 오곡밥
경도잡지	약밥, 제웅치기, 부럼, 귀밝이술, 더위팔기, 복토훔치기, 나물먹기, 화적, 과일나무시집보내기, 돌싸움, 연날리기, 달맞이, 다리밟기, 용밥주기
추재집	제웅치기, 부럼, 복토훔치기, 용밥주기, 귀밝이술, 더위팔기, 약밥, 윷점, 연날리기, 다리밟기,
열양세시기	약밥, 귀밝이술, 부럼, 용알뜨기, 용밥주기, 더위팔기, 제웅치기, 다리밟기, 화적, 달맞이, 달점, 돌싸움, 오곡밥, 개밥먹이지 않기
세시기속	제웅치기, 더위팔기, 종소리듣기, 달점, 약밥, 연날리기, 돌싸움, 다리밟기
한양세시기	제웅치기, 부럼, 귀밝이술, 약밥, 묵은나물, 더위팔기, 복토훔치기, 옷물건 버릭, 개밥먹이지 않기, 연날리기, 연싸움, 용밥주기, 달맞이, 달점, 돌싸움, 윷놀이, 널뛰기
동국세시기	약밥, 화적, 제웅치기, 팥죽먹기, 복토훔치기, 부럼, 귀밝이술, 묵은나물, 오곡밥 나누어먹기, 더위팔기, 개밥먹이지 않기, 과일나무시집보내기, 연날리기, 달맞이, 달점, 다리밟기, 돌싸움 청참, 용알뜨기, 달불이

해동죽지	청참, 부럼, 약밥, 제사, 귀밝이술, 묵은나무먹기, 더욱팔기, 제웅치기, 윷놀이, 용알뜨기, 달맞이, 달점, 다리밟기, 야광신

49 『삼국유사(三國遺事)』 사금갑조(射琴匣條)
"보름에는 찰밥을 지어 제사를 지냈다." 찰밥을 까마귀밥이라고 한다. 제주, 전북, 충북에서는 밖에 약밥을 내놓고 까마귀 밥으로 준다.

50 정초의 토정비결은 개인의 운수점이라면 대보름은 농사점이다.

51 줄다리기의 줄은 용사(龍蛇)의 상징물로 인식되며 용은 물을 지배하는 수신 내지는 농신으로서 믿어져 왔다. 용 모양의 줄을 당기면 비가 흡족하게 내린다고 믿었고, 농사에 결정적 영향을 미치는 용을 섬기고 자극함으로써 풍요와 다산을 보장 받을 수 있다는 믿음이 깔려 있으며 치수(治水)의 뜻을 가지고 있었다. (미야기 케이아, 「전통축제의 속성이 방문객의 만족과 재방문 및 추전의사에 미치는 영향 연구」, 동아대학교 석사학위논문, 2005, 30쪽.)

52 지역에 따라 2월 1일을 머슴날, 중화절이라 한다.

53 조선시대 내병조(內兵曹)에서는 버드나무를 뚫어 불을 만들어 왕에게 올리면 왕은 그 불씨를 궁전 안에 있는 모든 관청과 대신들 집에 나누어주었다. 한식무렵부터 농가에서는 채소씨를 뿌리는 등 본격적인 농사철로 접어든다. 흔히, 이날 천둥이 치면 흉년이 들 뿐만 아니라 국가에 불상사가 일어난다고 믿어 매우 꺼린다.

54 부처님 목욕시키는 날이라는 뜻이다.

55 석가출가일은 음력 2월 8일로 부귀영화를 버리고 왕궁을 떠나 출가한 날이다. 부처님이 되기전 싣다르타라는 왕자로서 젊은 시절 유복하게 왕손으로 살았으나, 어느날 성의 동문에서 백발 노인을, 남문에서 고통에 신음하는 병자를, 서문에서 상여행렬을, 북문에서 세상 모든 형식에서 벗어난 출가 수행자를 목도하게 되었다. 이때 고민을 해결할 희망을 찾게 되었다는 것을 느끼고 밤중에 성문을 넘어 출가하게 되었다.

56 석가열반일은 음력 2월 15일로 일체의 번뇌를 끊어 열반에 드신 날이다. 깨달음을 얻어 인간의 육체를 지니고 중생을 교화하던 시기에서 벗어나 깨달음이 큰 완성으로 이룩된 날이다. 부처님은 깨달음을 얻어 바로 열반에 도달하려 했으나, 제석천(帝釋天, 하늘의 신)이 권청하여 깨달음을 얻은 이후 40년간을 중생교화를 위하여 노력하시다가 80세의 나이에 육체를 버리신 일이다.

57 성도일은 음력 12월 8일로 깨달음을 성취하신 날이다. 부처님의 깨달음은 명상과 수행의 결과가 아니라 내면적인 갈등을 극복한 것으로 죽음의 공포를 극복하고 욕망을 단절하여 정신의 자유를 얻은 것으로 진정한 부처님의 되신 의미의 날이다.

58 연등행사 또는 연등축제로 펼쳐지는 불교의 명절인 초파일이 민속명절로 전승된 것은 재래로 전승되어 온 연등행사와 불교의 연등공양(燃燈供養)이 습합(習合)된 데 연유한다. 연등회는 삼국시대 551년에 팔관회의 개설과 함께 국가적 행사로 시행되었다. 즉, 불전에 등(燈)을 밝히는 등공양(燈供養)으로 자신의 마음을 밝고 바르게 하여 불덕(佛德)을 찬양하고, 대자대비(大慈大悲)한 부처님께 귀의하여 구제를 받으려는 의미를 담고 있다. 『삼국사기』 「신라본기」에 따르면 "관등행사가 매년 정월 15일에 있었다."라고 기록되어 있었고, 고려시대 태조의 훈요십조에서도 연등회를 널리 장려하도록 하였는데 모두 1월 15일 성대하게 진행되었다. 이처럼 연례적으로 연등회가 행해졌고, 4월 8일 석가탄신일이외에도 민속적으로 전승되어 왔음을 알 수 있는 대목이다. 오늘날 민속적 연등행사와 불교적 연등행사가 습합되어 4월 8일 연등축제로 이어졌다.

59 남소은, 「사찰음식 활성화를 위한 사찰의 세시풍속 연구」, 동국대학교 석사학위논문, 2015, 52쪽.

60 진로, 「한,중 단오 풍속 비교 연구」, 세명대학교 석사학위논문, 2012, 35쪽.

61 삼복은 속절이요 유두는 좋은 날이라 원두밭에 참외 따고 밀갈아 국수하여 사당에 올린 다음 모두 모여 즐겨 보세
아녀자 헤피 마라 밀기울 한데 모아 누룩을 만들어라 유두 누룩 치느니라

62 뇌뇌, 「한국 추석문화 교육방법 연구」, 부산외국어대학교 석사학위논문, 2011, 10~11쪽.

63 『사례집의』에 따르면 "10월 1일, 상정(上丁; 음력으로 매달 첫 번째 정일(丁日;넷째 천간 4일)) 혹은 편한 날 일년에 한번 산에 가서 제를 지낸다."라고 기록되어 있다. 이처럼 시제는 음력 10월 4일쯤이 보통이 지냈다.

64 한국세시풍속사전, 국립민속박물관
(http://terms.naver.com/entry.nhn?docId=1012376&cid=50221&categoryId=50233)

65 부복(俯伏)은 꿇어앉아 허리를 굽히고 고개를 숙여 경의를 표하는 자세이다. 국궁(鞠躬)은 허리를 굽혀 공경을 표하는 자세이다.

66 이성(利成)은 신위전에 음식을 올리는 일이 끝났음을 말하는 것이다.

67 진자리는 아이를 갓 낳은 자리이며 이때 입은 옷이 진자리옷이다.

68 용모양과 비슷하게 만든 가래떡이다. 용떡을 먹으면 아들을 낳는다고 하여 경남의 함양지방에서는 혼례때 용떡을 만들어 교배상에 올려 놓았다.

69 치성기자시 금기할 사항은 다음과 같다. 부부관계를 삼간다. 잡인과 가까이 하지 않는다. 궂은 일을 보지 않는다. 초상집이나 환자 집을 다녀오지 않는다. 타인과 시비하지 않는다. 채식만 한다. 개고기, 돼지고기를 먹어서는 안된다. (오출세, 「고전소설의 출생의례 考」 『한국문학연구』 13, 동국대학교 한국문학연구소, 1990)

70 『삼국유사』에는 "북부여의 왕인 해부루가 늙도록 아들이 없으므로 산천에 나아가 대를 이을 아들 낳기를 빌어 금와(金蛙)를 얻었다."라는 기록이 있다. 이처럼 특정 대상인 산천에서 치성이 드리는 행위는 오래 전부터 있었던 풍습이다.

71 임신하기 전 · 후에 산모, 남편, 양가 부모, 평소에 인연이 깊은 사람들이 임신의 가능성, 태어날 아이의 성별, 아이의 운명까지도 꿈으로 예측한다. 아들의 태몽은 용맹한 동물, 크고 단단한 열매로 남성성을 상징하며, 딸의 태몽은 작은 짐승, 물고기, 예쁜 과일 등으로 여성성을 나타낸다. (추은혜, 「출생 의례복식에 관한 연구」, 전남대학교 석사학위논문, 2000, 5쪽.)

72 오출세, 「고전소설의 출생의례 考」 『한국문학연구』13, 동국대학교 한국문학연구소, 1990.

73 출산을 위한 준비로는 새로 태어날 아이를 위한 준비, 산모를 위한 준비, 출산을 위한 준비가 있다. 태어날 아이를 위해서는 배냇저고리, 포단, 베개, 기저귀 등을 준비하는데 이것은 시어머니와 산모가 맡았다. 산모를 위해서는 쌀, 미역을 준비한다. 출산을 위해서는 가위, 실, 포대기, 걸레, 피옷(산모가 출산할 때 입는 옷으로 검은 치마나 무명치마) 등을 준비한다.

74 난산을 극복하기 위하여 산모에게 어떤 물건을 부착하거나, 산모에게 무엇을 먹이거나, 산모의 자리를 옮기거나, 가족들이 특정한 행위를 한다. 예를 들어 단골무당에게 삼신치성을 드리거나, 순산한 부인의 치마, 허리띠, 남편의 허리띠 등을 산모에게 부착한다. 혹은 남편의 이름을 발바닥에 써 놓거나 남편이 우물물을 떠다가 산모에게 먹인다.

75 산실은 산모의 건강과 새로 태어날 아이의 원만한 성장과 운명에 영향을 미친다고 생각하여 외부인의 출입을 금하였다.

76 우리나라에서는 태 처리가 다음 아이를 잉태하는데 결정적인 영향을 준다고 믿었다. 태의 처리에 따라 아이의 생명과 길흉화복을 결정한다고 생각하여 태는 매우 신중히 처리했다.

77 삼신이란 아기의 점지와 출산을 관장하며 보호하는 신령이다. 우리 한민족의 시조인 환인, 환

웅, 단군 등도 삼신으로 생명의 신을 의미한다. 삼신을 산신(産神)이라고도 하는데 이 뜻은 산(産)을 주간한다는 뜻이다.(유문희, 「출생의례의 문화콘텐츠화 방안 연구」, 원광대학교 석사학위논문, 2014, 19쪽.)

78 삼칠일과 관련된 의례의 흔적은 『삼국유사』와 『순조실록』 등을 통해 알 수 있다. 즉, 『삼국유사』제1에 따르면 "그들은 항상 신웅에게 빌어 사람이 되기를 원했다. 이때 신웅이 신령스러운 쑥 한줌과 마을 20개를 주면서 말하기를, 너희들이 이것을 먹고 백일동안 일광을 보지 않으면 곧 사람이 될 것이다. 곧 곰과 범이 이것을 받아서 먹고 삼칠일(21)동안 금하니 곰은 여자의 몸으로 변했다." 라는 것이다. 삼칠일 금기가 여기에서 나온 것으로 추측해 볼 수 있다. 또한『순조실록』에 따르면 "원손 탄생한 삼일만에 종묘에 고하고, 칠일만에 하례를 드리라고 명하였다."라는 것이다. 여기에서 삼일과 칠일 의례가 있음을 알 수 있다. 즉, 삼칠일 금기와 관련된 사항은 이렇게 오랜 전통을 갖고 있음을 알 수 있다. (추은혜, 「출생 의례복식에 관한 연구」, 전남대학교 석사학위논문, 2000, 8쪽.)

79 백설기는 신성함, 정결함, 장수 등의 의미를 내포하고 있다. 수수경단(수수팥단지)은 덕을 쌓으라는 뜻이며 귀신이 싫어하는 붉은 색이기 때문에 귀신을 퇴치하고 병을 막을 수 있다고 믿었다. 또한 무병을 기원하며 수수경단에 쓰이는 붉은 팥은 통팥을 쓴다. 인절미나 찰떡은 끈기 있고 마음을 단단히 하라는 뜻이 있다. 오색떡은 아기의 무궁무진한 꿈이 무지개처럼 오색찬란하길 기원한다. 송편 중 속이 빈 것은 깊은 마음과 넓은 아량을, 속이 찬 것은 영리하라는 뜻을 지니고 있다. (유문희, 「출생의례의 문화콘텐츠화 방안 연구」, 원광대학교 석사학위논문, 2014, 60쪽.)

80 『고려사』「세가」 2 광종편에 다음과 같은 기사가 나온다. "을축 16년 봄 2월에 아들 왕주(王伷)에게 관(冠)을 씌우고 그를 왕태자 내사 제군사 내의령 정윤으로 책봉하고 여러 신하들을 위하여 장생전(長生殿)에서 연회를 베풀었다."라는 것이다. 고려시대 965년 광종이 아들 왕주에게 행한 관례 기록이다. 여기 원문에 나오는 원복(元服)이라는 표현이 바로 관례를 시행한 것이다. 즉, 원자(元子)가 성인이 되면 관례를 거행하게 되는데, 원(元)은 머리, 복(服)은 착용하다의 뜻으로 머리에 관을 쓴다는 것이다. (김은희, 「한국 전통성년례에 관한 연구」, 원광대학교 박사학위논문, 2015, 16쪽.)

81 김은희, 「한국 전통성년례에 관한 연구」, 원광대학교 박사학위논문, 2015, 21쪽.

82 영월군청, 『내가 찾는 행복 과거로 미래로 "어른이 되는 나" 전통 성년례』, 한국문화유산연구센터, 2016

83 상투는 효와 성인 남성, 신분 등을 상징한다. 미성년자와 성년자를 구분 짓는 가장 큰 외형적인 특징이 바로 두발의 형태이다. 미성년자는 대개 쌍상투와 땋은 머리형을 하고 있는데 관례를 올린 후에는 머리카락을 정수리 위로 올려 묶어 외상투를 튼다.

84 자(字)는 윗 사람이 불러주는 이름이고, 호(號)는 자기 스스로 혹은 남이 붙여주거나 자유롭게 사용하는 이름이다.

85 당호는 규방여인의 호(號)와 같은 것이다.

86 안민정, 「조선시대 여성윤리교육 연구」, 부산대학교 석사학위논문, 2008, 55쪽.

87 우리나라 헌법 제 36조에서도 혼인과 가족생활은 개인의 존엄과 양성의 평등을 기초로 성립되고 유지되어야 하며, 국가는 이를 보장해야 한다고 명시하고 있다.

88 이정숙, 「조선후기 의례서에 나타난 혼례 연구」, 원광대학교 석사학위논문, 2010, 6~26쪽.

89 여자가 혼인한 후 남자의 집에 가서 사는 시집살이이다.

90 처가에서 혼인하고 3일만에 시댁으로 돌아가는 것이다.

91 혼인을 정한 신부 어머니이름을 묻는 절차로 신부의 운세를 알아보려고 신부어머니의 이름을 여

쭈어 보는 절차이다.

92 혼인 정신은 삼서정신(三誓精神)과 평등정신이 있다. 삼서정신은 서부모(誓父母), 서천지(誓天地), 서배우(誓配偶)라 하여 부모, 천지신명, 배우자에게 맹세하는 것이며, 평등정신은 남녀가 합한 것, 부부는 신분이나 나이에 차별있더라도 평등하여 서로 존댓말을 사용하는 것이다.

93 『예서』에 따르면 "선비는 예가 아니면 움직이지 않는다. 여자선비인 규수를 움직이게 하려면 예물을 올려야 한다."라고 기록되어 있다.

94 요즈음에는 함부를 신랑의 친구 중 첫 아들을 낳은 기혼자가 하는 것이 보통이다. 신부 집에서는 대개 함부에게 술과 음식을 대접하고, 수고비를 준다. 함은 전에는 혼인 예식을 하는 날 예식을 하기 전에 가지고 가는 것이 보통이었으나, 요즈음에는 대개 결혼식 전날 밤 또는 1~2주 전 토요일 밤에 친구들이 지고 간다. 신랑 친구들은 신부집에 가서 함을 사라고 하고, 함값이라 하여 수고비를 받기도 한다.

95 납폐서는 혼인의 유일한 증거로 두 사람이 야합(野合)한 것이 아니라는 증거가 되며, 죽은 뒤에는 일생 동안 정절을 지켰고, 처녀 혼령이 아니라는 증거로 관 속에 넣었다.

96 신부의 어머니(또는 오복을 두루 갖춘 여인)가 함을 내려놓고, 뚜껑 밑으로 손을 넣어 납폐서를 꺼낸 다음, 천을 잡아 꺼내는데 홍단이 잡히면 첫 아들을 낳고, 청단이 잡히면 첫 딸을 낳는다고 한다. 그 뒤에는 받은 예물을 여러 사람들에게 보여준다.

97 수탉은 처자를 보호하며 먹이를 구해 주고, 생활권(生活圈)과 가족을 지키기 위해 이웃집 수탉과 용감히 싸우며, 때를 알아 울어 준다. 그렇기 때문에 신랑은 수탉의 이러한 점을 본받아 처자식을 잘 보호하고 먹여 살리며, 생활권과 명예를 지키기 위해서는 용감히 싸울 줄 알고, 세상의 흐름을 잘 알아 바르게 판단하고 행동하라는 뜻이 있다. 암탉은 수탉의 보호를 받으며 병아리를 잘 기르는데, 신부는 암탉의 이러한 점을 본받아 살림을 잘 하고, 자녀를 잘 기르라는 뜻이 있다.

98 고려시대 말기 이후 신랑이 신부집에서 친척이나 친구들에게 술과 음식을 대접하는 남침연(覽寢宴)에서 유래했다. 특히 조선시대에는 혼례가 끝난 뒤에 신부집에서 친척이나 친구들이 신랑을 잡아 다리를 묶어 거꾸로 매고 몽둥이로 발바닥을 때리면서 신랑을 희롱하고, 마침내 술과 음식을 받아내는 풍속으로 정착했다.

99 이후 신부가 신행 온 그달 또는 몇 개월이나 일년 안에 잠시 집에 돌아오는데 이를 근친(覲親)이라고 한다. 신랑은 보통 신부와 처가로 동행하는데 첫 수확을 한 곡식으로 떡과 술을 준비하여 신부집을 방문한다. 신랑 신부가 처가뿐만 아니라 신부의 친척집도 방문을 한다. 친척집에서 대접을 받으면서 며칠 동안 머문다. 시가로 돌아갈 때도 음식과 예물을 가지고 간다. 지역에 따라 시아버지와 신랑이 같이 근친을 가서 차반이라는 떡, 엿, 고기, 술, 과일 등으로 동네의 사람들을 대접한다. 시아버지는 곧 집으로 돌아가고, 신랑도 며칠 뒤 돌아간다. 시댁에서 돌아오라는 기별이 오면 친정아버지는 신부를 시가로 데려간다. 그때도 차반을 준비해서 신랑 측을 대접한다. 신부가 이런 식으로 근친을 해야 혼례는 마무리된다.(막시모바 알렉산드라, 「야쿠트와 한국의 전통혼례 비교 연구」, 계명대학교 석사학위논문, 2013, 52쪽.)

100 『진서』권96 열전 부여 "死者以生人殉葬有棺無槨基居喪男女皆純白婦人着布面衣去玉佩"

101 『수서』 고려 "死者殯於屋內經三年擇吉日而葬...初終哭泣葬則鼓舞作樂以送之埋訖悉取死者生時 服翫車馬置於墓側會葬者爭取而去"

102 『북사』 백제 "父母及夫死者三年治服餘親則葬訖除之"

103 이민수, 『조선전』, 탐구당, 1995, 81쪽.

104 『삼국사기』 왕력 효성왕조 "...散骨..."라고 기록하고 있다. 이후 선덕왕, 진성왕, 경명왕도 산골을 실시하며, 『동경잡기』 능묘조 에서도 많은 왕이 "水葬...火葬"을 했다고 서술하고 있다. 그만큼 통

일신라시대에는 불교문화의 색채가 강했다. (박태호,『장례의 역사』, 서해문집, 2006, 75쪽.)

105 『고려사』 권64 志18 "禮六 凶禮 五服制度"

106 고려시대 지배층의 권장사항 대신 실제로는 상례가 백일상(百日喪)으로 행해졌다.(최재석,『한국고대사회사연구』, 일지사, 1987)

107 『상례비요』,『상제례초』,『상제유초』,『사례편람』 등의 조선시대 예서를 통해 일반적인 절차를 정리하였다.

108 『사례편람』, "임종시 남자는 남자의 손을 여자는 여자의 손을 잡고 운명한다."

109 사잣밥은 대광주리, 함지박, 키, 멍석, 소반 등에 밥 3그릇, 짚신 3켤레, 술 3잔, 북어 3마리 등을 대문 밖에 차려놓고 저승사자가 저승까지 가는 동안 음식으로 배를 채우고 여비로 사용하라는 일종의 뇌물이다. 각 지방마다 조금씩 다르지만 모두 3세트를 마련하는 것은 저승사자가 3명이기 때문이다.

110 『사례편람』 卷之三喪七 "七星板, 用松板一片, 長廣準棺內, 厚五分, 板面穿七孔, 如非斗狀"
칠성판은 시신의 크기와 같은 송판으로 관의 바닥에 들어가는데 길이와 넓이는 관의 안치수에 따르고 두께는 5푼이며 널판에 북두칠성 모양으로 7개의 구멍을 뚫는다. 이는 영혼의 고향인 북두칠성으로 돌아가라는 염원에서 비롯된 것이다.

111 염습은 양쪽 세 사람씩 6명이 참여하고, 시체의 알몸이 드러나지 않도록 홑이불로 가리고 작업을 진행한다.

112 버드나무 숟가락으로 망자의 입에 쌀 몇 낟알과 조가비, 엽전, 옥을 오른편 · 왼편 · 한가운데에 차례로 물리는 의식으로 부유하게 저승에서 살길 바라는 마음을 담고 있다.

113 을(乙), 정(丁), 기(己), 신(辛), 계(癸)에 해당하는 날로 초우제를 지낸 1~2일 후 조석에 지낸다.

114 갑(甲), 병(丙), 무(戊), 경(庚), 임(壬)에 해당하는 날로 재우제 다음날 조석에 지낸다.

115 박의서,『한국의 전통장례』, 재원, 2002, 154쪽.

116 한기범,「전통 상례(喪禮)의 의미와 실제」,『조선시대 상례문화의 새로운 조명』, 쉼박물관, 2008

117 국립민속박물관,『산청 전주최씨 고령댁 상여 실측조사 보고서』, 1998, 20~21쪽.

118 『고려사』권 64 "閏月甲寅葬于純陵王導輀車自義倉宮步至彌勒寺釋服"

119 『사례편람』 "大轝之制固好而有貧家所能辦者從用喪轝無妨"

120 지역에 따라 연봉을 장식하거나 혹은 여의주를 장식한다.

121 김무찬,『한국상여의 변천사에 관한 연구』, 동국대학교 석사학위논문, 2004, 27쪽.

122 계자각난간은 일반적인 평난간에 대한 말로 누마루의 가장자리에 설치한 것이다. 건물을 아름답게 꾸미거나 좁은 내부의 공간을 좀 더 넓게 쓰기위해 바깥으로 약간 튀어나가도록 설치한 것으로 닭다리처럼 생겼다하여 계자각이라 부른다.

123 장인혜,「제사에 대한 인식이 제사의 실행의지에 미치는 영향」, 경북대학교 석사학위논문, 2013, 8쪽.

124 제수를 진설할때에는 과실은 홍동백서(紅東白西, 붉은 색 과일은 동쪽에, 흰색과일은 서쪽에), 어물은 두동미서(생선의 머리는 동쪽으로 꼬리는 서쪽으로)의 형식에 따른다. 제수는 어동육서(魚東肉西, 생선은 동쪽에 육류는 서쪽에), 좌포우해(포는 왼쪽으로 생선젓은 오른쪽에)의 형식을 따져 진설한다.

125 오도형,「효(孝) 사상을 통해 본 조상 제사에 대한 연구」, 한남대학교 석사학위논문, 2006, 38~39쪽.

126 제례의 절차에 따라 유식을 계반, 삽시, 첨작으로 구분하기도 한다. 계반(啓飯)은 메(밥) 그릇 및 탕이나 반찬의 뚜껑을 열어놓는 것을 말한다. 삽시(挿匙)는 메 그릇에 수저를 꽂는 것을 말한다. 이때에는 반드시 숟가락 바닥이 오른쪽으로 향하도록 꽂아야 한다. 수저의 방향은 동쪽을 향하게 한다. 첨작(添酌) 첨작이란 종헌자가 채우지 않은 술잔에 제주가 무릎 꿇고 다른 잔에 술을 조금 따라 좌우측 사람을 통하여 술을 채우도록 하는 것을 말한다.

127 사당은 고조부모, 증조부모, 조부모, 부모 등 4대 조상의 신조를 모신 곳이다.

128 사당에 4대조의 신주를 모셔놓는 작은 집모양의 장이다. 사당을 두지 못한 집에서는 별도의 감실을 만들어 신주를 모시거나 사당을 그린 감모여재도로 사당을 대신하기도 한다.

129 장인혜, 「제사에 대한 인식이 제사의 실행 의지에 미치는 영향」, 경북대학교 석사학위논문, 2013, 8~10쪽.

130 안동권씨 충재 권벌 종가 제사상이다.

131 임재해, 「민속신앙에서 발견되는 한국인의 자연관과 현대적 변용」, 『민속학연구』6, 국립민속박물관, 1999, 107~108쪽.

132 이인화, 「전통마을에서 민속신앙물들의 공간배치 유형 및 분포에 관한 연구」, 동국대학교 석사학위논문, 2000, 16쪽.

133 이재동, 「현대 한국화에 나타난 민간신앙의 조형성 연구」, 원광대학교 석사학위논문, 2015, 4~5쪽.

134 이재동, 「현대 한국화에 나타난 민간신앙의 조형성 연구」, 원광대학교 석사학위논문, 2015, 8 ~ 13쪽.

135 민간신앙은 오랜 역사적 과정 속에 여러 신앙 형식들이 퇴적, 융합되었다. 토착적인 무격신앙과 불교신앙이 서로 절충되어 하나가 되는 무불습합(巫佛習合)이 대표적인 형태이다. 즉, 어떤 신앙이든 구애받지 않고 구복적인 동기가 맞으면 필요한 부분을 언제든지 수용할 수 있었다. 종교의 신앙 형식 이전에 복받고 좋다고 하면 어떤 신앙행위도 부담 없이 받아들였다.

벅수(출처: 국립민속박물관)

돌하르방(출처: 국립민속박물관)

136 박찬호, 「한국교회의 민간신앙에 대한 인식분석 및 목회적 대안」, 성결대학교 석사학위논문, 2006, 16쪽.

137 채선숙, 「한국 무속신앙에 표현된 헤어디자인 연구」, 서정대학교 박사학위논문, 2011, 10~16쪽.

138 박창로, 「韓國 民間信仰 이미지의 繪畵的 表現에 관한 研究」, 홍익대학교 석사학위논문, 2002, 8쪽.

139 임재해, 『한국 민속사 입문』, 지식산업사, 1996, 289쪽.

140 평택 천신당 흑룡장군(010-3856-2600, 경기도 평택시 합정동973-14 402호)

141 무(巫)에 대한 풀이는 『설문해자』와 『주자어류』에 잘 나타나 있다. 전자의 경우 무는 '여자로서 형태 없는 것을 섬기고 춤을 추어 신(神)을 내리게 하는 자'라 풀이했으며, 후자의 경우 무는 신명을 다하여 춤추는 사람으로 춤을 통해 신을 접하기 때문에 하늘과 땅을 이어주는 공(工)자의 양 측에 두 사람이 춤을 추는 형상을 취한 무(巫)자를 쓰게 되었다고 풀이했다.
다른 한편으론 하늘과 땅을 잇는 기둥 양 옆에 사람들이 춤추는 꼴을 무(巫)라 한다. 여기에서 기둥은 신목(神木)이 되는 것이고, 그 춤추는 이가 바로 무당이다. 그러므로 무는 무당이 굿하는 장면이기도 하고 그 전체 종교 현상을 설명해 주는 용어라 할 수 있다.

142 강석진, 「한국인의 전통적 종교심성과 그리스도교 영성 토착화 연구」, 가톨릭대학교 석사학위논문, 1988, 25쪽.

143 박영규, 『한권으로 읽는 고구려왕조실록』, 웅진닷컴, 2004, 34쪽.

144 신라 제 49대 왕인 헌강왕이 개운포(開雲浦, 울산)에 나가 놀다가 물가에서 쉬는데, 갑자기 구름과 안개가 자욱해져 길을 잃었다. 왕이 괴이하게 여기자 일관(日官)이 아뢰기를 "이것은 동해 용의 조화이니 마땅히 좋은 일을 해주어서 풀어야 할 것입니다."라 했다. 이에 왕은 일을 맡은 관원에게 용을 위해 근처에 절을 세우도록 명했다.
동해 용이 기뻐하여 아들 일곱을 거느리고 왕의 앞에 나타나 덕을 찬양하여 춤추고 음악을 연주했다. 그 가운데 한 아들이 왕을 따라 서울로 가서 왕의 정사를 도왔는데 그의 이름이 처용이다. 왕은 처용에게 미녀를 아내로 주고, 그의 마음을 잡아 두려고 급간(級干)이라는 벼슬을 주었다.
그런데 그의 아내가 무척 아름다웠기 때문에 역신(疫神)이 흠모하여 사람의 모습으로 변신하여 밤에 그의 집에 가서 몰래 같이 잤다. 처용이 밖에서 돌아와 잠자리에 두 사람이 있는 것을 보고 「처용가」를 부르며 춤을 추면서 물러났다.
그 때 역신이 모습을 나타내고 처용 앞에 꿇어앉아, "내가 공의 아내를 사모하여 지금 범하였는데도 공은 노여움을 나타내지 않으니 감동하여 아름답게 여기는 바입니다. 맹세코 지금 이후부터는 공의 형상을 그린 것만 보아도 그 문에 들어가지 않겠습니다."라고 했다. 이로 인하여 나라 사람들은 처용의 모습을 그려 문에 붙여 사기(邪氣)를 물리치고 경사스러움을 맞아들였다는 것이다.
「처용가」는 "서울 밝은 달에 밤들이 노니다가/ 들어와 잠자리를 보니/ 가랑이가 넷이도다./ 둘은 나의 것이었고/ 둘은 누구의 것인가?/ 본디 내 것이지마는/ 빼앗긴 것을 어찌하리오?"이다.
이 노래는 가사가 부연되어 고려와 조선시대 나례(儺禮, 음력 섣달 그믐날 밤에 궁중이나 민가에서 악귀를 쫓기 위해 베풀던 의식) 공연 때 불리게 되었다. (네이버 백과사전)

145 금무(禁巫)란 고대로부터 전승되어 온 무신신앙을 배척한다는 것이다. (한국향토문화전자대전, 한국학중앙연구원)

146 국가와 왕실의 안과태평을 위하여 무당이 명산대천(덕적, 감악, 백악, 송악, 목멱, 개성대정, 삼성, 주작, 고양, 장단고개)에서 지냈던 국가행사제례이다. 『고려사』의 기록을 보면 별기은제는 별기은사사(別祈恩寺社)에서 행했던 불교의 불사(佛事)와 도교의 초제(醮祭) 형태로 행해진 것을 보인다. 고종 4년(1217)에는 나라에서 환란을 막고 외적의 퇴치를 기원하고자 별례기은도감(別禮祈恩都監)을 설치하였고, 외산기은별감(外山祈恩別監)이 각처로 파견되었다고 한 것으로 보아 산에서 별기은제를 치루었음을 알 수 있다. 이러한 별기은제는 1년 4번씩 정기적인 제례와 부정기적인 별제가 있었다. (네이버 백과사전)

147 『고려사』 권12에 따르면 무당들이 떼를 지어 하는 국가행사굿(別祈恩)으로 인해 많은 비용을 쓰

니 이를 금하라는 상소문이 있을 정도로 그 폐해도 많았으나 고려 말까지 성행하였다고 한다.

148 계명대학교여성학연구소, 『여성들의 삶의 관점에서 본 한중지역여성정책』, 계명대학교출판부, 2007, 317쪽.

149 일제강점기 1930년 조선총독부 기록에 의하면 무당이 전국적으로 12,380명으로 조사되었다.

150 채선숙, 「한국 무속신앙에 표현된 헤어디자인 연구」, 서경대학교 박사학위논문, 2011, 18쪽.

151 채선숙, 「한국 무속신앙에 표현된 헤어디자인 연구」, 서경대학교 박사학위논문, 2011, 19~20쪽.

152 굿청은 질병을 다스리거나 예방하는 별상굿, 호구굿 등을 표현한 것이다. 여기의 굿청은 무당이 오른손에는 부채를 왼손에는 방울을 흔들며 굿하는 장면을 재현하였다.

153 김태곤, 『한국민간신앙연구』, 집문당, 1983, 19~21쪽.

154 지역에 따라서 안방에 쌀을 담은 작은 단지를 신체로 모시는 경우도 있다.

155 신라 김씨왕조의 김알지는 계림의 한 나뭇가지 황금궤에서 탄생하였다. 황금궤는 조상숭배의 대상물이며, 동시에 조상단지의 신화적 미화 또는 왕가 조상단지의 형태라 볼 수 있다.

156 조선시대에는 사당을 건립하여 4대 봉사를 하고 있었는데 4대이외에 조상에 대한 봉사개념이 조상단지에 내포되어 있다.

157 임재해, 『한국 민속사 입문』, 지식산업사, 1996, 280~285쪽.

158 경북 안동시 풍천면 하회리의 별신굿탈놀이에 등장하는 탈 14개는 고려시대 중엽 신의 계시를 받은 허도령이 제작한 것으로 전해지고 있다. (김병종, 『김병종의 화첩기행』, 호형출판, 2005, 254쪽.) 허도령은 마을의 액운을 막아주는 탈을 만들고 있었는데 이를 사모한 처녀가 이 탈 제작과정을 몰래 보게 되었고, 허도령은 그 자리에서 피를 토하고 숨을 거두었고, 처녀도 자결하였다. 이후 마을에서는 처녀의 넋을 위로하기 위하여 성황신을 모시고 당제를 올리고 허도령이 제작한 탈로 별신굿을 벌여왔다.

159 최준식, 『한국의 풍속 민간신앙』, 이화여자대학교출판부, 2005, 98쪽,

160 무라야마 지쥰(村山智順)은 조선총독부 촉탁 직원으로 근무하면서 일제강점기 우리나라 민속연구를 실시하여 많은 조사자료를 남겼다. 1891년 니가타 현 가리와 군에서 출생하였다. 1919년 동경제국대학 사회학과를 졸업하고, 조선총독부 촉탁으로 조선사회사정 조사를 담당하였다. 중추원 편집과와 조사과, 서무부 조사과, 총독관방의 총무과와 문서과에 직원으로 있으면서 경성 사립불교중앙학교, 공립상업학교, 세브란스의학전문학교, 경성법학전문학교 강사 등을 거쳤으며, 1941년 일본으로 귀국하였다. 하지만 한국에 대한 부정적인 관점과 서술이 있었고, 일본의 식민지 정책에 일조했다는 지적이 있다.

161 박창로, 「韓國 民間信仰 이미지의 繪畫的 表現에 관한 硏究」, 홍익대학교 석사학위논문, 2002, 7쪽.

162 국수당은 마을 배후 높은 산꼭대기에 위치하여 그 마을을 수호해주는 신이다. 당의 형태는 국수당신을 직접 신체로 봉안하지는 않고, 국수봉 꼭대기에 석반단(石盤壇)을 가운데 두고 잡석을 쌓아 두른 돌담 안에 관목 신수(神樹)가 있는 형태로 신수와 자연적 제단으로 이루어진 것이다. (이인화, 「전통마을에서 민속신앙물들의 공간배치 유형 및 분포에 관한 연구」, 동국대학교 석사학위논문, 2001, 29쪽.)

신당의 형태적 측면에서 볼 때 국사당을 통상 높은 산정에 위치하고 제단(祭壇)이나 제당(祭堂)이 없는 국수봉의 산명만 있는 산일지라도 고산봉(高山峰)이 되니 이 산앙에 있어서 제장, 신의 봉안처가 통상 높은 산정을 택한다는 형태상의 특징을 갖는다.

163 산신당은 산을 맡아서 지키는 신에게 정초 마을 전체의 풍요와 건강, 행운을 비는 제당을 말한다. 산신의 모습은 신선상(神仙像)이나 호랑이상으로 나타난다. 산신당은 마을의 배후 산중턱이나 산

기슭에 당을 마련하고, 산제당 옆에는 오래된 나무, 바위, 샘이 있고 고목, 기묘한 바위, 당샘을 확보하고 있다.

우리 민족이 산신을 숭배한 것은 『구당서』에서 신라는 "삼산오악신(三山五岳神)을 받들어 제사하였다. 삼산 봉래산, 방장산, 영주산을 정했고, 오악산은 동쪽에 토함산, 서쪽에 계룡산, 북쪽에 태백산, 중앙에 부악(父岳)으로 정하여 조정에서 제사를 드리고 국가의 태평을 빌었다."라는 기록을 통해 이미 오래전부터 그 흔적을 찾을 수 있다. 고려시대 『국조보감』에서는 "덕적, 송악, 백악, 목멱산의 산신에게 매년 봄, 가을에 무당, 여악(女樂)으로 하여금 제사하였다."라고 기록되어 있고, 조선시대에도 산신제의 유풍이 계속되어 사악신(四岳神)으로 삼각산, 치악산, 태백산, 지리산을 정했고, 중령산, 주흘산, 치악산, 금성산, 마니산, 백두산에 단을 만들고 제사를 지냈다. (이인화, 「전통마을에서 민속신앙물들의 공간배치 유형 및 분포에 관한 연구」, 동국대학교 석사학위논문, 2001, 29쪽.)

164 서낭은 선왕(先王), 산왕(山王)이 어원으로 한자로는 성황(城隍)이라 한다. 서낭은 지신계(地神系)로 후기에 마신(馬神)과 혼합되어 존재하는데 당집에 철마, 목마(木馬)를 보관하고 신위는 마신과 인격신인 서낭각시를 모셨다. 서낭신은 마을의 안녕, 가내 안과태평(安過太平), 행로(行路)의 무사함, 부녀자들의 기자속(祈子俗)의 신으로 표현하였다.

서낭제는 팥시루떡, 사과, 배, 밤, 대추, 북어를 놓고 실, 종이, 초를 준비해 마을제로 지내고 개인제로는 상업 등으로 인해 돌아다니며 사업하는 사람들이 거리에서 아무문제 생기지 않도록 지낸다.

서낭당 나무에는 저고리동정, 백지, 5색의 천조각을 건다. 동정은 치병(환자가 입던 저고리 동정을 서낭나무에 걸고 치병을 기원하며 서낭신이 환자의 병을 거두어 준다고 믿는 것), 백지는 행운과 초복 기원, 5색 천조각은 모든 재물을 서낭나무에 걸어 묶어 서낭신에게 드리는 예단이다.

165 장승은 장생(長生), 장승(長承), 장승(將丞) 등으로 기록되어 있다. 장승은 나무와 돌을 다듬어 천하대장군, 지하여장군이라는 명문을 쓴다. 이런 장승의 명칭은 지방마다 벅수(영호남), 돌하르방, 우석목(제주도) 등으로 나타난다. 장승은 보통 마을의 입구 길 옆에 위치하여 잡귀, 질병, 재앙을 막아주는 수호기능을 수행한다. 하지만 일부에서는 경계표, 이정표라 주장하고 있는데 이는 장승의 수호기능을 바탕으로 후대의 경계표로 인식한 것으로 보인다.

〈장승의 기능 분류표〉

기능	내용
부락수호	흉년, 재앙 등을 가져오는 귀신이나 역신을 겁주어 쫓아 보냄.
방위수호	방위가 허한 곳에 각 방위에 해당하는 오방신장을 배치하여 방위를 지킴.
산천비보	풍수도참설에 의하여 국기(國氣)의 연장과 군왕의 장생을 기원하기 위하여 사찰 주위에 세움.
읍락비보	고을과 마을의 지맥이나 수구가 허수한 곳을 다스리기 위하여 세움.
불법수호	사찰 입구에 세워 경내의 청정과 존엄을 지키기 위함.
경계표	농경과 수렵 및 땔감을 얻는 땅의 경계를 표시하기 위하여 세움.
노표	이정표 및 방두의 노신을 겸했던 제도적인 장생
성문수호	중국에서 오는 역병이나 재앙의 침입을 성문에서 제지함.
기자	득남과 풍요를 기원함.

(김두하, 『장승과 벅수』, 대원사, 1993, 93쪽.)

166 솟대는 긴 장대위에 새의 형상물을 올려놓은 신앙 대상물이다. 솟대는 천상과 천하를 연결하는 하늘 사다리인 우주나무와 천신(天神)의 전령사 역할을 했던 하늘새가 결합된 형태로 북아시아 솟대와의 유사성이 뚜렷하다. 그러나 안정된 농경마을이라는 조건에서 솟대는 점차 액막이와 풍

농을 위한 신앙물로 변질되어 갔다. '우주나무와 하늘 새'에 대한 관념이 퇴색하면서 북아시아의 솟대와는 그 의미와 기능이 다른 솟대로 변형되어 갔다. 즉, 솟대의 장대를 용틀임으로 장식하거나 솟대의 오리 부리에 쌀과 동전을 넣은 물밥을 걸어 주는 것, 오리가 농사에 필요한 물을 가져다주고 홍수를 막으며, 불을 제어한다는 식으로 의미와 기능의 변형이 다양하게 이루어졌다. (이필영, 『마을신상의 사회사』, 웅진출판사, 1995, 373~374쪽.)
솟대의 새는 오리라고 불리지만 지역에 따라 까마귀, 기러기, 갈매기, 따오기, 까치 등을 상징한다.

167 이인화, 「전통마을에서 민속신앙물들의 공간배치유형 및 분포에 관한 연구」, 동국대학교 석사학위논문, 2000, 17쪽.

168 강석진, 「한국인의 전통적 종교심성과 그리스도교 영성 토착화 연구」, 가톨릭대학교 석사학위논문, 1988, 20~21쪽.

169 정경대, 『이것만 알면 운명이 보인다』, 행림출판, 2001, 20쪽.

170 박찬호, 「한국교회의 민간신앙에 대한 인식분석 및 목회적 대안」, 성결대학교 석사학위논문, 2006, 19~39쪽.

171 개인의 묘지를 중심으로 주위의 풍수형국, 산세를 표현한 지도이다.

172 최희아, 「韓 · 中 夢占 比較 研究」, 중앙대학교 석사학위논문, 2012, 9쪽.

173 김갑동, 『고려시대사 개론』, 혜안, 2013, 288~290쪽.

174 삼국시대 유교의 흔적은 다음과 같은 사실을 통해 알 수 있다.

구분	고구려	백제	신라
유교	중앙교육기관 태학 설립 (소수림왕) 지방교육기관 경당 설립 (장수왕) → 유교경전 학습	오경박사, 역박사, 의박사 → 오경 ; 시경, 서경, 역경, 예기, 춘추 등 유교 경전	임신서기석 → 나라에 충성을 서약하며, 유교경전인 시, 상서, 예기, 춘추 등을 학습할 것을 서약

175 고려 초기 호족은 후삼국의 와중에서 전쟁 포로가 되었거나 빚을 갚지 못했든지, 아니면 그 밖의 강제적인 방법으로 양인에서 노비가 된 사람들을 많이 소유하였다. 이러한 노비는 호족이 소유한 토지와 함께 그들의 경제적 · 군사적 기반이 되었고, 이는 국가의 입장에서 볼 때 왕권을 위협하는 것이므로 제한해야 할 필요가 있었다. 그래서 태조 1년 918년 태조는 노비가 된 양인 가운데 1,200명을 방면시켰고, 그 후에도 이러한 노력을 계속하였지만 호족의 반발로 제대로 성공하지 못하였다.
이에 광종 7년 956년 광종은 억울하게 노비가 된 양인을 회복시켰는데, 이것은 호족에게 귀속되던 세(稅)를 국가에 환원시키고 호족의 사병(私兵)을 감소시킴으로써 호족의 약화와 왕권의 강화라는 결과를 가져오게 하였다. 그러나 호족의 강력한 반발을 받았으며, 심지어 광종의 비(妃)인 대목왕후(大穆王后)까지 이에 반대하는 입장을 취했지만 폐지하지는 못하였다.

176 과거제는 관리 임명 제도의 하나로 일정한 시험을 거쳐 선발하는 방식이다. 중국 한나라 시대 때부터 시작되어 우리나라에는 원성왕 4년 788년에 독서삼품과라는 형식으로 전래되었다. 본격적으로 시행된 것은 고려 시대이다. 광종 9년 958년에 쌍기(雙冀)의 건의를 받아들여 과거제를 시행했다. 이는 신분제를 통해 관직에 진출하던 호족 세력을 약화시키기 위한 방안이었다. 그러나 고려에서는 과거제 대신 신분을 기준으로 관직에 진출하는 음서제가 더 융성했다. 또한 문과(문관)와 잡과(기술관)만 시행되고, 군인을 뽑는 무과는 시행되지 않았다. 조선 시대에 와서야 과거제가

일반적인 관직 진출 수단이 되었고, 무과도 시행되었다. 1894년 갑오개혁 때 폐지되었다.

177 『고려사』 성종2년(983) 정월 "왕이 원구에서 기곡(祈穀)할 새 태조로서 배향하였다."

178 주례에는 매년 밭갈이철이 되면 국왕과 백관, 백성들이 모두 참가하는 적전례를 지내야 한다고 규정되어 있다.(양산췬, 정자룽저, 『중국을 말한다』, 신원문화사, 2008, 136쪽.) 즉, 적전례는 고대부터 중요시된 유교적 왕도정치의 산물로 농업의 비중이 절대적인 상황 속에 관념적인 제사가 아닌 국왕이 직접 농사에 참여해 모범을 보이는 실천성을 수반하는 제사라 할 수 있다.

179 국자감은 고려의 국립대학으로 성종 11년 992년 창건하라는 지시가 전해지고 있지만 이때 설립되었다고 단정하기는 어렵다. 이미 태조 13년 930년 태조가 서경에 행차하여 학교를 세웠다는 기록이 있기 때문에 수도인 개경에 국립학교가 있었을 것으로 보인다. 또한 성종 원년 지방에서 장정 260명을 선발하여 개경에서 교육을 받도록 하였고, 성종 8년 989년 태학조교 송승연을 국자박사로 임명하였기에 신라의 국학에 해당하는 국립대학을 고려 건국 직후부터 운영하다가 992년 개편 및 정비하여 국자감으로 명명한 것으로 보인다.

국자감은 충렬왕 1년 1275년에 국학(國學)으로 개칭되었다가 충선왕이 즉위하면서 성균감(成均監)으로 바꾸었고, 1308년에 성균관(成均館)으로 개칭되었다. 그 후에도 몇 차례 명칭이 변경되었지만, 성균관의 명칭은 조선으로 이어졌다.

고려의 왕들은 국자감 교육을 매우 중요시하였다. 예종 4년 1109년에는 교과 과정을 체계화하기 위해 국자감 안에 7재(七齋)를 설치하였다. 국자감의 입학 자격은 신분에 따라 제한을 받았다. 국자학은 3품 이상, 태학은 5품 이상 ,사문학은 7품 이상의 자손이 입학할 수 있도록 규정되었던 것이다. 그리고 기술학부에는 8품 이하의 관리나 서민의 자제가 입학하도록 규정되어 있었다.

180 최충이 건립한 문헌공도(文憲公徒)는 1055년 문종 9년 송악산 아래 자하동에서 시작한 사학이다. 교육의 편재는 전문강좌별로 9재(九齋)로 나누었으며, 생도들은 수학능력에 따라 소속한 재에서 차례로 승재(陞齋)할 수 있게 하였다. 주로 9경(九經) 3사(三史)를 위주로 하여 문학을 학습하고 인격도야를 게을리하지 않았다.

1068년 최충이 죽자 국가에서 문헌(文憲)이라는 시호를 내렸으며, 그의 문도들은 시호를 따서 문헌공도라 칭하게 되었다. 문헌공도는 무인집권기에도 이승장이 솔성재에서, 이규보가 성명재에서 수업하였고, 몽고침략기인 1244년 강화에서 시랑 이종주가 고종의 명을 받들어 9재생도들을 연미정(燕尾亭)에 모아 하과(夏課; 여름철 특강)를 실시하였기 때문에 고려 말기까지 존재한 것으로 보인다.

고려 전기는 문헌공도를 비롯한 12도가 국립대학인 국자감과 동등한 위치에 있었으나, 고려 말기에는 국자감 중흥정책으로 그 위상이 격하되어 마침내 1391년에 폐지되었다.

181 정재서, 『한국 도교의 기원과 역사』, 이화여자대학교출판부, 2006, 116쪽.

182 성리학은 중국 송대에 이르러 한당의 훈고학풍에서 벗어나 인간의 심성과 우주원리문제를 철학적으로 탐구하려는 학문이다. 북송의 주돈이에 이어 정호, 정이 형제가 한층 발전시켰고, 다시 남송의 주희가 종합화하였다. 그러므로 이 학문발생시기를 참작하여 송학이라 부르며, 문제의식에 따라 이학(理學), 의리학(義理學), 심학(心學) 등으로 불리기도 하며, 정주학(程朱學), 주자학(朱子學)이라 칭하기도 한다. 이기(理氣)를 바탕으로 인간의 심성(性)과 우주의 원리(理)를 탐구하는 철학적 사상체계이기 때문에 성리학이라고도 한다.

또한, 성리학은 유교의 가치이념인 천인합일사상(天人合一思想)을 이기론의 차원에서 이론화하였다. 이(理)가 사물에 내재하였을 때에는 자연법칙이 되고, 인간에 내재하였을 때에는 본연의 성(仁義禮智)으로서 인간이 지켜야 할 내면적인 도덕규범이 된다고 보았다. 따라서 성리학에서의 이(理)는 물리(物理)인 동시에 도리(道理)가 되는데 이(理)는 하나이니 자연법칙과 도덕규범는 이(理)에 의하여 연속되어 있다고 할 수 있다. (박충석, 「퇴계정치사상의 특질」 『퇴계학연구』, 단국대학교 퇴계학연구소, 1988, 335쪽.)

한편, 성리학은 유교경전 중에서도 공자가 편찬 및 저술에 관계했다고 하여 존중되는 경서 가운데 특히 중요한 것으로 여기는 『역경』, 『서경』, 『시경』, 『예기』, 『춘추』 등 영원불변의 규범으로서 정치나 윤리의 실천에 옮기는 것이 학문의 기본이라는 보는 오경(五經)보다 『대학』, 『논어)』, 『맹자』, 『중용』 등 공자와 관계된 학문의 도통인 사서(四書)를 중시하였다.

183 고려 말기 유교계는 현실적으로 폐단이 심하게 드러나고 있는 불교계를 대신할 새로운 사상 및 사회적 지도 이념으로 성리학을 통해 유교를 진작시키고자 하였다. 불교에 대한 비판은 원래 성리학 전래 초기부터 시작되었지만 이를 좀 더 구체화하기 시작한 것은 이색의 상소 (사찰과 승도의 이익만을 추구하는 비루한 집단)와 정도전의 『불씨잡변』 등이다. 결국 불교의 대안으로 성리학은 현실비판에서 사상비판으로 이어지게 되었고, 불교의 정체성에 대한 강한 부정으로 연결되었다.(이덕진, 「고려 후기 승려들의 유교관의 변천-성리학 도입 전후와 연관하여」, 제 13차 월례 발표회, 한국불교선리연구회, 2010, 53쪽.)

184 안향은 동방의 주자라 불리며 수차례 원나라를 왕래하며 그곳의 학풍을 견학하고 박사 김문정에게 공자를 비롯한 72현의 상(象)을 그려오게 하였다. 또 『제기』·『악기』·『육경』·『제자사』 등의 책을 구입하는 등 성리학의 보급에 앞장섰다. 새로운 인재를 양성하기 위해 자신의 집을 헌납하여 당시 국립대학격인 반궁(泮宮, 후에 성균관)을 신축하기도 하였다. 더불어 안향은 재주가 없어 백성을 구제하지 못하는 바를 자기의 책임으로 돌리며, 당시 현실의 어려움에 처한 민에 대하여 책임의식을 느끼면서 현실에 대한 적극적인 참여의식을 갖고 있었다. (김종진, 「관동와주 한시의 연구」, 『동국대학교경주대논문집』 2, 1983, 70쪽.)

결국 안향은 세도가문의 권력남용, 관리의 부정부패, 양민수탈 등 고려를 개혁하기 위해 인간이 따라야 할 올바른 가르침을 제시한 성리학에서 그 길을 찾았다.

185 조명제, 「고려후기 간화선 연구」, 혜안, 2004, 140쪽.

186 김남일, 「이색의 역사의식」, 한국학중앙연구원 석사학위논문, 1989, 32~34쪽.

187 몸과 마음을 닦아 수양하고 집단을 가지런하게 하며 나라를 다스리고 천하를 평한다는 뜻의 한자이다. 이는 유교에서 강조하는 올바른 선비의 길을 말하는 것으로 세상에서 해야 할 일의 순서를 알려주는 표현이다.

188 문화공보부, 『한국종교편람』, 계문사, 1984, 45쪽.

189 도용호, 「유학사상을 바탕으로 한 전통교육건축의 공간구성에 관한 연구」, 청주대학교 석사학위논문, 1995, 92쪽.

190 사람이 죽으면 묏자리를 찾아 시체를 매장하여 묘를 만드는 것을 음택이라 하며, 죽은 자의 택지라는 이름을 가진 이 용어는 우리 문화 속에 면면히 등장한다.

191 집터에 대하여 길흉을 점쳐 판단하는 풍수를 말한다. 묘지에 대한 길흉을 점쳐 판단하는 풍수인 음택풍수에 대립되는 개념이다.

192 누(樓)는 지면보다 한 길정도 높이 지은 마루이거나 2층의 구조물로 휴식과 유희를 위한 수양공간이며, 교육과 종교의 시설물로도 쓰였다.

재(齋)는 왕실의 휴식과 주거를 위한 공간이거나 관원들의 업무공간으로 쓰였다.

당(堂)은 전(殿)보다 격이 낮은 공간으로 관아나 사찰의 교육 집회소로 쓰였다.

무(廡)는 기둥에 지붕만 얹은 건물이다.

전(殿)은 높고 크며 웅장한 건물로 왕실의 궁중건물이나 성현을 모시는 건물로 쓰였다.

각(閣)은 전과 당보다 격이 한층 떨어지는 건물로 보통은 부속건물로 쓰이며, 석축(石築)이나 단상(壇上)에 높게 세웠다.

대(臺)는 사방을 관망하기 위해 흙을 높이 쌓은 곳을 뜻하며, 주위를 멀리 바라볼 목적으로 높은 곳에 설치한 건물이다.

실(室)은 사람이 기거하며 일을 하는 건물이다.

193 『고려사』, 권 74지권 제 28선거고 학교조에 인종 5년 3월『조제주입학 이광교도』라는 기록에 의해서 인종 5년(1127)을 향교의 설립 기원으로 잡고 있다.

194 사부학당은 규모가 작고 문묘를 두지 않았지만 교육방침과 교수법이 대체로 성균관과 유사하였기 때문에 성균관의 부속학교라 볼 수 있다.

195 이달훈외 1인,「향교건축의 양식에 관한 연구Ⅱ」, 호서문화연구소 제3집, 1983, 170쪽.

196 이기용,「조선초기 고강제도에 관한 연구」, 중앙대학교 박사학위논문, 1990, 23쪽.

197 세종 즉위년 십일월 기유조(己酉條)에 '기유유사사치서원교회생도자계문포상(其有儒士私置書院教誨生徒者啓聞褒賞)'이라는 기록에 의하여 조선 초기에 발생되었음을 알 수 있다.

198 이해랑,『한국미술사』, 대한민국예술원, 1984. 535쪽.

199 장경호,『한국의 전통건축』, 문예출판사, 1992. 450쪽.

200 김택규,『향토사 소편람』, 한국향토사 연구, 1990. 262쪽.

201 소수서원의 진입영역이다. 서원 정문인 지도문(志道門) 앞 잔디 제단은 성생단(省牲壇)이다. 매년 봄과 가을에 안향의 제사를 지낼 때 사용할 가축의 흠결을 살피고 잡던 제단터이다. 지도문 오른쪽 경렴정(景濂亭)은 죽계수를 따라 펼쳐지는 경관을 바라보며 학문을 이야기하던 곳이다. 경렴정은 초서의 대가인 황기로의 현판이 남아 있다. 한편 경렴정 앞에 자리한 '경(敬)'자 바위는 주세붕의 새겼다고 한다. 경자는 선비의 덕목을 나타낸 글자로 공경하고 기리는 마음을 후대에 전한다는 뜻을 지니고 있다.

202 소수서원의 강학공간은 강학당, 학구재와 지락재, 일신재와 직방재, 장서각으로 이루어져 있다. 강학영역은 학문을 닦고 배우던 공간이다. 지도문을 통과하여 가장 먼저 명륜당인 강학당이 있다. 강학당 오른쪽 뒤편에는 숙식과 공부를 하던 동재와 서재인 일신재와 직방재가 있다. 소수서원에서는 동재와 서재를 날마다 새롭게 한다는 일신재(日新齋)와 깨어 있어 마음을 곧게 한다는 직방재(直方齋)로 두었다. 여기에 학문을 구하는 학구재(學求齋)와 학문의 즐거움을 의미하는 지락재(至樂齋)가 있는데 유생들이 공부하던 곳이다. 장서각은 책과 목판을 보관하던 곳이다.

203 소수서원의 제향공간에는 문성공묘, 전사청, 영정각 등이 있다. 문성공묘는 성리학의 시조인 안향의 위패를 모신 사묘로 1542년 주세붕이 세웠다. 매년 봄, 가을로 두 번 제사를 지낸다. 문성공묘 뒤편에는 제사에 사용되는 희생물을 맡아 처리하는 전사청이 있다. 일반적으로 전당후묘라 하여 강학공간 뒤에 제향공간을 두는데 서쪽방향을 중시하는 우리나라 사상에 따라 강학공간 측면 서쪽에 제향공간을 배치한 독특한 사례이다. 소수서원에 영정각이 있는 것도 특이한 일로 안향초상과 주세붕초상 등 보물급 영정을 많이 소장하고 있다.

204 문진열,「佛教와 民俗信仰에 관한 考察」, 동국대학교 석사학위논문, 2008, 20쪽.

205 영월군청,『전통건물의 관광 및 교육활용을 위한 학술용역』, 영월군청, 2014, 87쪽.

206 문진열,「佛教와 民俗信仰에 관한 考察」, 동국대학교 석사학위논문, 2008, 34쪽.

207 천왕문(天王門)은 4명의 천왕이 지키는 문이다. 중생의 탐욕과 분노와 어리석음을 꾸짖는 표정을 지어 엄숙한 마음으로 사찰이 들어오도록 유도한다. 동방지국천왕은 동방에서 불법을 지키는 천왕으로 손에는 비파를 들고 있다. 서방광목천왕은 악한 사람에게 고통을 줌으로써 불심을 일으키게 하는 역할을 하는 천왕으로 손에는 여의주와 용을 들고 있다. 남방증장천왕은 만물을 소생시키는 역할을 하는 천왕으로 손에는 칼을 들고 있다. 북방다문천왕은 방황하는 중생을 인도하는 천왕으로 손에는 탑과 깃대를 들고 있다.

208 원음루는 목어, 운판, 법고 등을 달아 놓은 전각으로 누각과 종각이 결합된 형태이다.

209 종소리가 땅속으로 가라앉기 때문에 땅속에 있는 동물과 지옥의 중생들에게 부처의 가르침을 전한다.

210 법당 뒤에 우리나라 고유의 토속신이 산신령을 모셔놓은 전각이다. 특히, 보덕사는 단종대왕도 함께 모셔 놓았다.

211 조사당은 부석사의 창건주인 의상대사와 역대 조사들을 기리기 위한 전각이다. 특히, 전각 앞의 처마 밑에 자리 잡은 나무는 의상대사가 짚고 다니던 지팡이가 변했다는 선비화이다. 의상대사는 지팡이를 꽂으면서 '이 나무의 싱싱하고 시들음을 보고 나의 생사를 알라'고 했다고 전한다. 이 선비화의 나뭇잎을 따 먹으면 아들을 얻는다는 속설이 생겨 철장을 둘러 보호하고 있다.

212 조사전은 한 종파를 세운 조사의 영정을 모신 전각이다.

213 삼성각은 민족 고유의 세 토속 신을 모셔놓은 전각이다. 첫 번째 신은 산신령으로 호랑이와 함께 그림으로 모셨다. 두 번째 신은 칠성으로 북두칠성을 의미하며 칠성탱화로 모셨다. 세 번째 신은 독성(獨聖)으로 스승 없이 혼자 깨달음을 얻은 성자로 나반존자(那畔尊者)라 하여 탱화로 모셨다.

214 선종의 법리(法理)에 통달한 승려로 불교의 출가 수행자를 높이 부르는 말이다.

215 부도(浮屠)는 승려의 사리를 모셔놓은 탑이다.

216 부도에는 탑비를 함께 세운다. 부도의 주인공과 생애 및 행적을 알 수 있도록 나아가 당시의 사회상과 문화상도 알 수 있다.

217 송병렬, 이병주, 『한자로 풀어보는 우리 문화유산』, 한문교육, 42쪽.

218 지금은 고미술품이라는 용어로 많이 사용하지만 과거에는 골동(汨董)이라고 했다. 골동은 옛 그릇을 뜻하는 홀동(匫董)이 와전되어 생겼다는 설과 뼈를 장시간 고아서 끓인 국인 골동갱(骨董羹)이 오랫동안 애완된 고기(古器)에 비유되어 일컬어지면서 비롯되었다는 설이 있다.

219 이광표, 「근현대 고미품컬렉션의 특성화 한국미 재인식」, 고려대학교 박사학위논문, 2014, 34~39쪽.

220 장 보드리야르, 『사물의 체계』, 지식을 만드는 지식, 2011, 133쪽.

221 최영창기자, 「"중앙서 하사… 장신구는 지위 나타내는 威勢品"」, 문화일보, 2010년 1월 26일

222 우리나라에서는 고려시대 중기 일부 문인들을 중심으로 서화를 수집하던 풍조가 이어져 왔다. 그러나 조선시대 전기까지만 하더라도 완물상지(玩物喪志)라 하여 쓸데없는 물건을 가지고 노는 데 팔려 소중한 자신의 본심을 잃어버린다는 성리학적 이념 때문에 일반화되지 못하였다. 그러다가 조선시대 중 · 후기에 실학파 문인들을 중심으로 고미술품을 수집하고 완상하는 풍조가 생겨 일반화되기 시작하였다.

223 고미술품 수집행위는 문인 취향과 밀접한 관계를 맺고 고아한 격조와 운치가 깃든 취미였으나, 1905년 일본에서 건너온 전문적인 고미술품 상인과 중개인들에 의하여 경제적 이익 추구의 대상으로 변질되었다. 이후 도굴, 위조품 제작, 해외로의 반출 등이 이어지며 악영향을 끼치게 되었다.

224 전우용, 「한국전통의 표상공간, 인사동의 형성」, 『동아시아문화연구』 60집, 한양대학교 동아시아문화연구소, 2015, 36~44쪽.

225 대표적으로 독일의 박물관거리인 마인 강 남쪽의 미술관과 박물관이 줄지어 있는 거리인 프랑크푸르트 박물관 거리는 바우하우스 시대의 디자인 제품과 가구 컬렉션이 있는 수공예 박물관, 민족박물관, 독일 영화 박물관, 건축 박물관, 우편 박물관 등이 자리하여 전 세계에서 많은 관람객을 유치하고 있다.

226 이채현, 「문화 관광자원으로써 '국악의 거리' 활성화 방안 연구」, 단국대학교 석사학위논문, 2011, 5쪽.

227 김성균,「문화의 거리 개념과 필요성」,『경기 21세기』 11~12월호, 경기개발연구원, 10~14쪽.

228 박소나,「고미술 상가의 거리문화 형성을 위한 건축계획 연구」, 건국대학교 석사학위논문, 2015, 13쪽.

229 고미술품 특유의 역사적 아름다움만 있고, 고미술거리의 정체성이 없다면 장기적인 관광자원이 될 수 없다. 고미술거리에서는 고미술이라는 특성을 그대로 유지하며 현대인에게 맞는 감각적인 요인들을 지속적으로 개발할 수 있도록 노력해야 한다.

230 황정주,「마을만들기에서 지역문화자원활용에 관한 고찰」, 성공회대학교 석사학위논문, 2009, 66~70쪽.

231 인사동거리는 법정동 인사동이 아니라 안국동 로터리에서 종로 2가로 이어지는 인사동길만을 지칭하지만 서울 시민들의 인식 안에서 그 영역은 매우 가변적이어서 넓게는 경운동, 낙원동, 공평동, 견지동 일대까지 포함된다. 종로구는 2002년 인사동문화지구를 지정하여 전통문화의 거리를 전통문화지구로 확장했으나 이는 관리를 위한 것일 뿐 시민들의 전통공간에 대한 인식과 직접 관련되지는 않는다. 전통을 표상하는 공간으로서의 인사동은 물리적 공간이라기보다는 관념적이며 문화적 공간이라 보는 편이 나을 것이다.(김승유,「전통문화의 상징적 공간, 인사동의 역사성 재고」,『중앙민속학』16, 중앙대학교 한국문화유산연구소, 2011, 11쪽.)

232 임형백,「농촌 어메니티를 이용한 농촌 활성화 정책 방향」,『지방행정연구』 제26권 제3호 통권90호, 2012

233 이채현,「문화관광자원으로써 '국악의 거리' 활성화 방안 연구」, 단국대학교 석사학위논문, 2011, 65쪽.

234 현대 예술가들은 전통문화에 대해 반색하며 그들의 문화 창작의 방향성을 고미술의 보존과 발전으로 돌리기 시작했다. 고미술에 대한 현대 미술적 해석은 과거와 현재를 넘나들며 일반 대중에게 매력적인 요소로 다가가고 있다. 적극적인 예술가들의 고미술 창작활동은 국내 고미술문화의 발전에 큰 공헌을 하고 있다.

235 에릭홉스봄,『만들어진 전통』, 휴머니스트, 2004, 19~24쪽.

찾아보기

저 자: **윤 병 화**

• 세경대학교 교수
• 한국박물관연구소 소장
• 한국문화관광복지협회 부회장
• 국제차문화학회 이사
• 대전시민대학, 주경야독 박물관학 교수
• 한남대학교, 국민대학교, 동양대학교 외래교수

한국민속과 문화유산 정가 14,000원

발 행 2016년 9월 10일 초판 1쇄
저 자 윤병화
발행인 전귀연
발행처 신광문화사
경기도 파주시 광인사길 201(문발동, 파주출판도시)
Tel (031)955-4211~6 donghwapub@nate.com
Fax (031)955-4217 www.donghwapub.co.kr
(등록) 1991년 6월 26일/6-130호

Printed in Korea
ISBN 978-89-7432-929-7
공급처 도서출판 동화기술